JN231484

40代から始めよう!

あぶら身をごっそり落とす

きくち体操

菊池和子 監修

熊野チコ マンガ

あぶらみちゃんとみーちゃん

みーです。

そろそろ
惑わなく
なってくる40歳

ある日の
仕事ランチ中

「40にして惑わず」で
不惑と呼ぶそうですが
確かに対処
できなくて
パニックになることは
減ってきました
年を取るのも
悪くないかなぁなんて
思ったりもします
おっと
忘れもの

みーさん!!
大丈夫
でした!!
おー
よかった
よかった

そういえば
今日も
カワイイお洋服
ですよね
さっきも
思ってたけど
さっき
そんなコト
思ってたのかい

みーさんのカッコ
いつも
おしゃれで
スキー
ほめても
何も出ないよー
こんなことを言えるのは
若い子にほめられたり
年齢通りには
見られなかったり
してるからかな…
とも思いますが
とはいえ

なんて、なにげなく選んだ服を着て

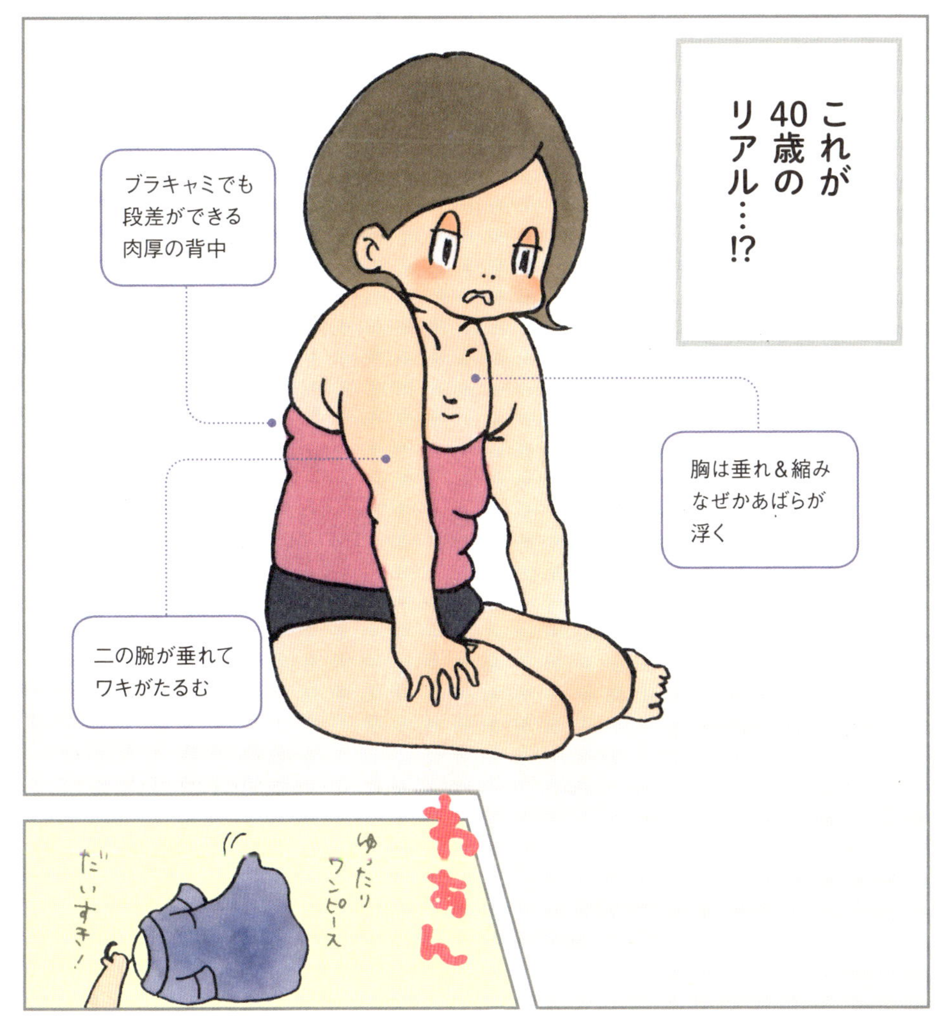

わあん

ゆったり
ワンピース

だいすき!

…なーんて
服でごまかせる
カラダは
まだよいの

顔…痩せて
垂れたよなぁ
体はこんなに
厚みが出たと
いうのに

ていうか
垂れたのって
顔というより
頭部全体？
ほうれい線〜
二重アゴ〜
鎖骨へと続く
雪崩
フフフ…

ヤセたい…!!
若い頃よりも
切実に…!!

これが老いてゆくということか…
うう…

エクササイズ…

パタ
つかれた

今は忙しいからだ…
落ち着いたら見てろ
このにっくき
ぜい肉を
そぎ落として
見事に
ヤセてやるのだ
何もしたくない！
誰か
もんでくれ

痩せてるわよ

何？

イヤイヤ
着ヤセするんですよ 私…
痩せてるわ

体に必要な
筋肉が
痩せてるわ！

あなたが
憎むべきは
このあぶら身
ではないの…
このあぶら身も
あなたのカラダ
命の一部…!!

このあぶら身は
あなたの体を
育てる筋肉
だったはずなの

ぶにー
それを
こんなにして
しまったのは…
あなた!!

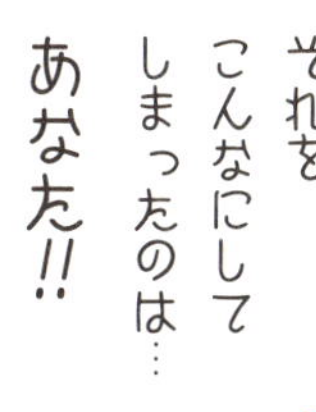

私
!?

でもでも
そんな
私がワルイ
みたいに…
誰でも
年を取ると
そうなるでしょ
みんなこう
なっていく
あなた以外に
誰があなたを
衰えさせてるって
いうのよ
筋肉は
数日寝込んでも
衰えるのよ

それに…
若い頃と違って
自分に構う時間も
気力もなくなるんですっ
きっ

ほほー
ではちょっと
やって
みましょうか

中年女子のボディチェック

1

足指の状態

足先を前に向けて足裏全体で床を踏みしめるように立ちましょう

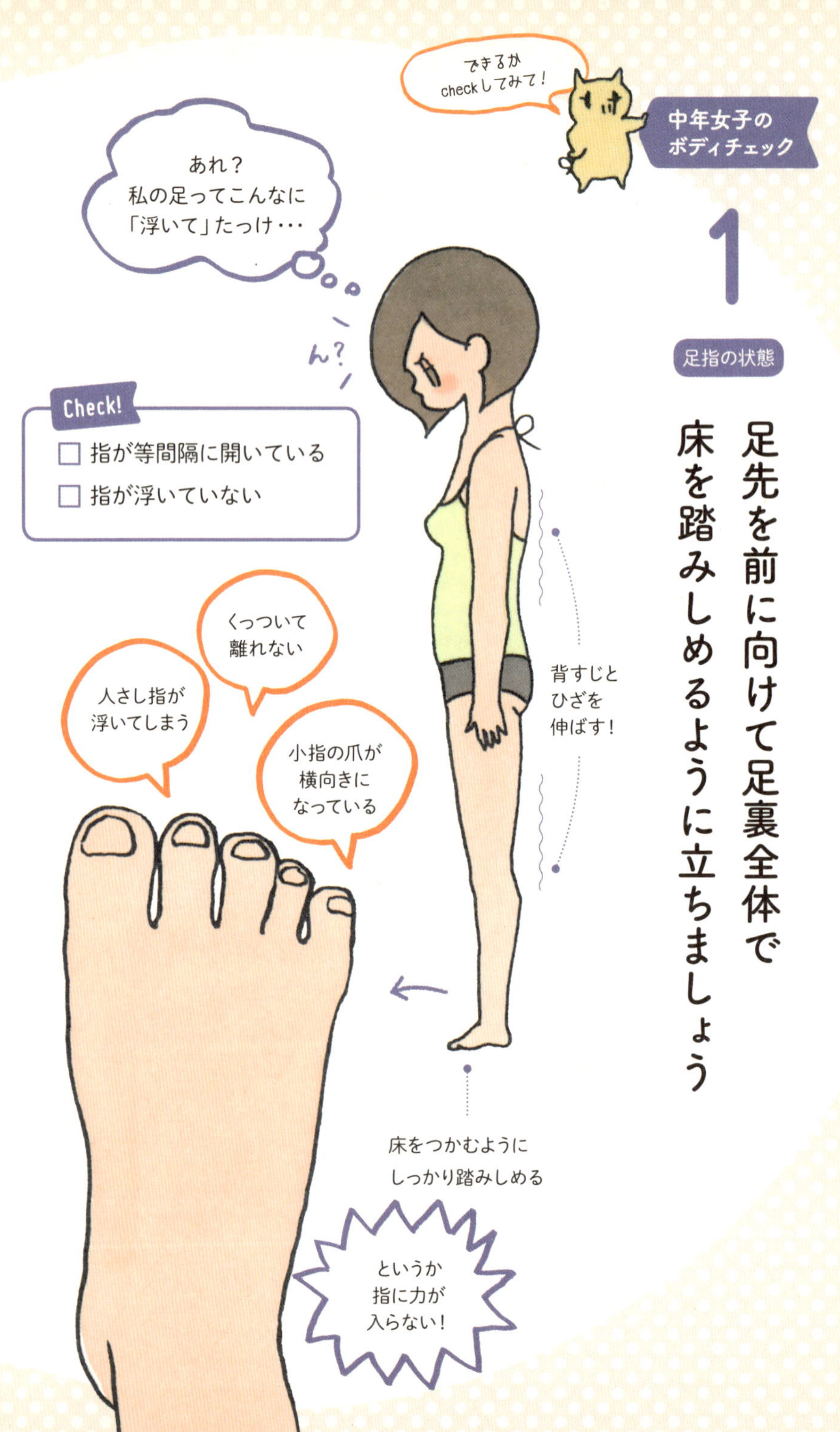

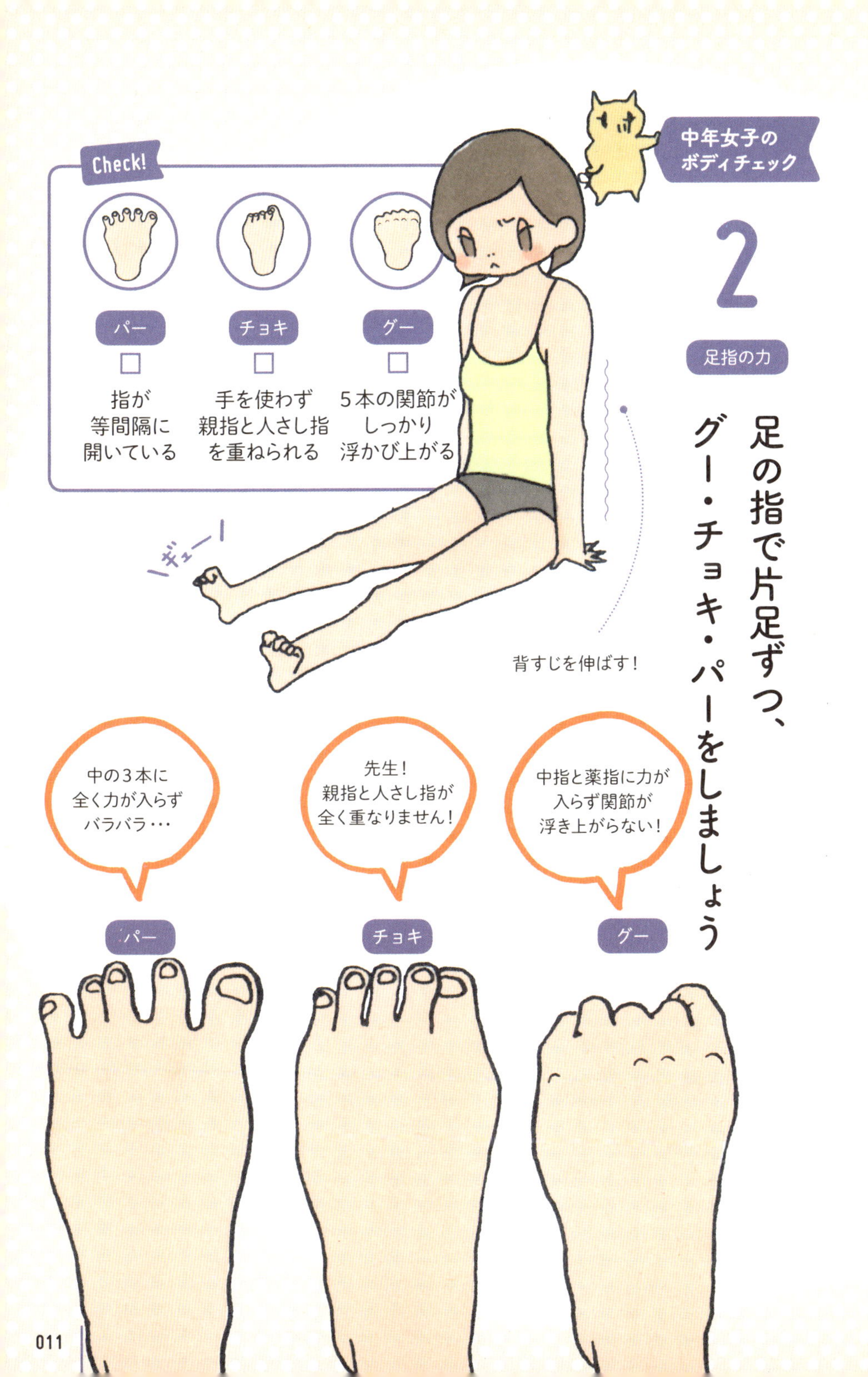
中年女子のボディチェック
2
足指の力
足の指で片足ずつ、グー・チョキ・パーをしましょう
Check!
パー
指が等間隔に開いている
チョキ
手を使わず親指と人さし指を重ねられる
グー
5本の関節がしっかり浮かび上がる
ギュー
背すじを伸ばす！
中の3本に全く力が入らずバラバラ・・・
先生！親指と人さし指が全く重なりません！
中指と薬指に力が入らず関節が浮き上がらない！
パー
チョキ
グー

中年女子のボディチェック

3

下半身の筋力

床にL字になって30秒座ってみましょう

中年女子の
ボディチェック

4

上半身の筋力

肩甲骨の間に両手を置いてみましょう

Check!

□ 上げている腕と下げている腕がしっかり組める

こっちは両手がギリギリ重なるなぁ

ギャー
左の二の腕の付け根がめちゃくちゃ痛いっ!

でも右の
二の腕の外側が
ピキピキ痛い・・・

背すじと
ひざを伸ばす!

足裏全体を使って
しっかり立つ!

どうよ、
全然できて
ないでしょ
現実を
見なさいよ

そっ…

㋯先生…？
㋐そのまま目を閉じて…
今、私が何をしているか
わかる…？
㋯え…
私の足の中指を
触って
どうしたっていうの…？

よく見てごらんなさい…
ぱち

私が何指を
触っているか
見てごらん!!

え
中指だと思ったのに
薬指なんだ
へー
…触られて
わかんないって
よく考えたら
コワイですね
これ
でしょ!!

この鈍さ…
これに年齢は
関係ないの
あなたが体を
大事にしないで
自分で衰えさせてる
…………
ということ!

さっきのチェックでわかったでしょ
あなたの体は、今
ただ立つことも
座ることもつらいの
ぐらっ
つらっ
何指を触られたのか
わからないぐらい
自分に対して
鈍感になっちゃってる
そうしてしまったのはあなたなのよ

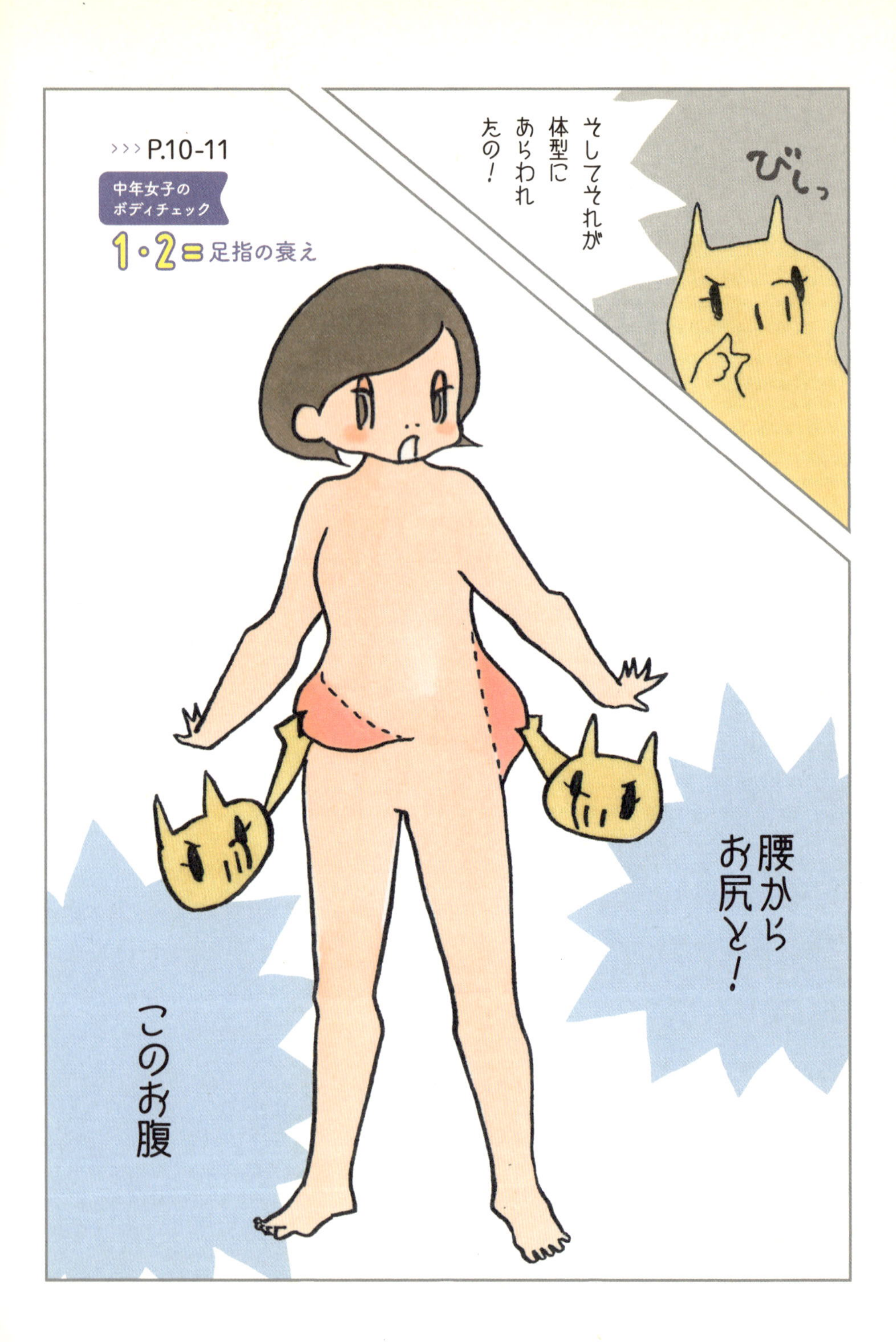
そしてそれが
体型に
あらわれ
たの！
びしっ
>>> P.10-11
中年女子の
ボディチェック
1・2＝足指の衰え
腰から
お尻と！
このお腹

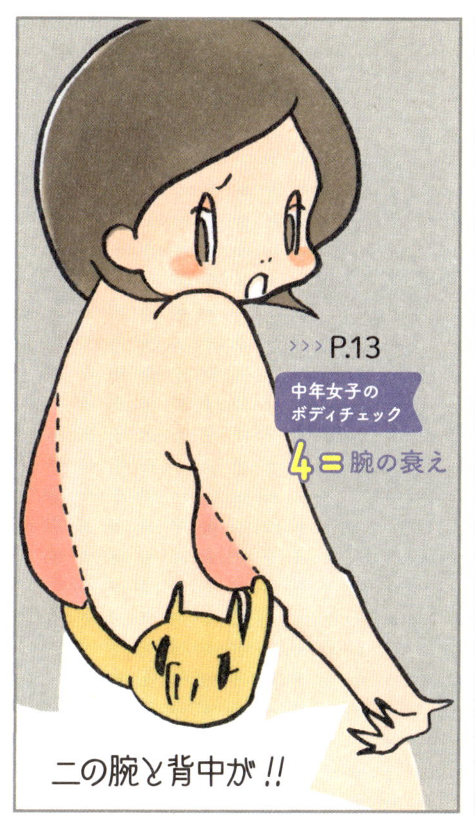
>>> P.13
中年女子の
ボディチェック
4 = 腕の衰え
二の腕と背中が!!

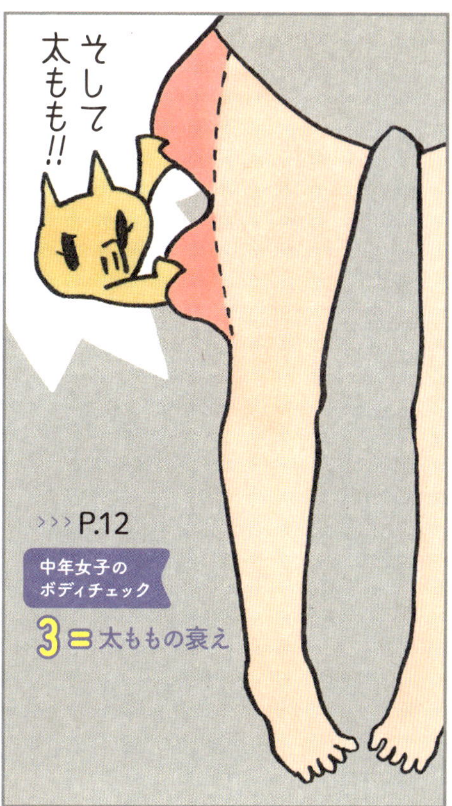
そして
太もも!!
>>> P.12
中年女子の
ボディチェック
3 = 太ももの衰え

あぶら身に
なっているのよ!!

ぶるん

…これを
放っておくと…

こう
なる…？

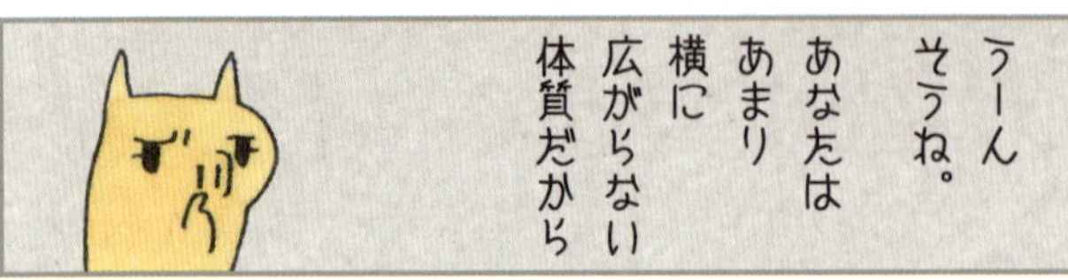
うーん
そうね。
あなたは
あまり
横に
広がらない
体質だから

こう
かしら
ヒイ!!

どちらに
なったと
しても
この先は
超高齢社会
少し歩くだけで
疲れる
杖をついて
ヨボヨボ歩く
寝たきり！
笑えない未来が
待っているわ…

そうなるのは
年齢のせいじゃ
なくて
自分の…せい
…
じゃあ
自分で衰えさせて
しまった筋肉を
鍛えて、
ヤセれば
いいいって
こと？
フムー…
じゃあ、あなたの言う
"ヤセる"って
どれのこと？
A
B
C

A
B
C
さ!
えー

AとBは今の私よりヤセている…
でも…これは…

Cになりたいなら〝ヤセる〟とは違うわよね
ニコ

確かに…〝ヤセる〟ってすごくネガティブなことなのかも…
肌がヤセるとか
髪がヤセるとか…

よくぞ気づいたわ!!
えっ
えっ

あなたは長年、日常生活に必要な
筋肉を使わなかったせいで、
筋肉が痩せ衰えて
あぶら身に変わって
しまったから、
だんだん体型が
変わってきたの
つまり
痩せ衰えた筋肉を
動かして、
体を育てれば、
あぶら身は自然と落ちていく

育てれば…
ムニ

今までは「お前が憎い」と
思っていたけれど、
こんなにぶよぶよの体に
してしまったのは私自身…
だら〜
階段キラーイ
だる〜

ごめんね

うまく言えないけど
これが私にとって
たったひとつの体
なんだ…
とは思った

ニコ
その通りよ！
それに気づけたら
〝育てる〟感覚は
すぐにわかるわ

あなたの体型を育てて
よみがえらせることが
できるのは、
あなただけよ
あぶら身をそぎ落とした
体になると、
小さなことで
イライラしたり、
クヨクヨ悩むその性格も、
プラス思考に
変わっていくわ
一日中
スマホ見てたり
他人をうらやんで
クヨクヨしたり
しなくなるわよ

ネガティブな生き方は、
心が弱いからじゃない
体が衰えて、
それだけの体力しか
ないからなの
体に本気で向き合えば、
全然違う40代が
待っているわ！

さ！
そこらのダイエット本と
この本
どっちを選ぶ？
A
B
C

CONTENTS

第1章

40代の老化は、間違いなく足からよ！

1

さぁ
イスに浅く腰掛けて
5本の足指を
ギューッと
握ってごらんなさい

うわっ
足がつる…。
POINT
● 背すじを伸ばす
● 手はひざの上かイスに軽く置く
● ひざをしっかり伸ばす
えっ！
脚全体が美しく
なってる！？
お尻もキュッと
上がってる！
ギ…
ギュ～…
確かにほとんど
動いてくれません！
中指と薬指が
握れていないわよ！
※かかとは床に
ついています

足指と足裏を見れば、全身のあぶら身がわかる！

足指をギューッと力いっぱい握ると、足裏にギュッとシワが寄って脚とお尻の筋肉がしっかりと使われて、美しくなるのがわかるでしょ。

実はね、あなたの全身の筋肉は、指が起点となっているのよ。５本の足指の筋肉は、足裏へ、ふくらはぎへ、太ももへ、お尻へ…と、全身につながっているの。たとえば「足底筋」と聞くと、足裏にある筋肉だと思うでしょ？　でもこれは、ひざ裏にある筋肉の名称。足裏の筋肉がひざ、そして脚へとつながっているのよね。

つまりね、自分の足指と足裏を見れば、全身にどれだけあぶら身がついているのか、一目瞭然というわけよ！

見事な中年体型の人や、実年齢より老けた印象の人は、まず間違いなく足指と足裏が育っていないわ。体を支える力が弱いから、背中が丸くなり、お腹がぶよんと出てしまうのね。

さぁ、あなたはどうかしら。足裏をじっくり観察してごらんなさい。

足裏の筋肉が弱ると、土踏まずのないぷよぷよの偏平足になるわ。だから、ちょっと歩いただけですぐ「あぁ疲れた〜」となる。筋肉が使われないと血行も滞るから、皮膚の新陳代謝が鈍って、かかとは硬くてガサガサね。それにタコ、ウオノメ、外反母趾…。女性の多くは、足に何らかのトラブルを抱えているといわれるわ。ヒールパンプスのせいもあるけれど、それは二次的な要因にすぎない。足指と足裏の筋肉が弱って、自然なアーチが崩れていることが根本的な原因なのよ。

足指と足裏の筋肉を動かすと、下半身からお腹、背中、といった上半身の筋肉にまで刺激が届くわ。体を支える筋力がついて、姿勢がよくなる。それが体型にも体の基礎代謝にも影響するのよ。

とはいえ、今まで足裏を意識してこなかった人が、いきなり筋肉を動かすと足がつっちゃうかも。だからまず、足裏の感覚を取り戻すことが、老化に歯止めをかける第一歩と心得てね。

1

毎日できる
体操

足裏の感覚を取り戻す！

あぶら身足

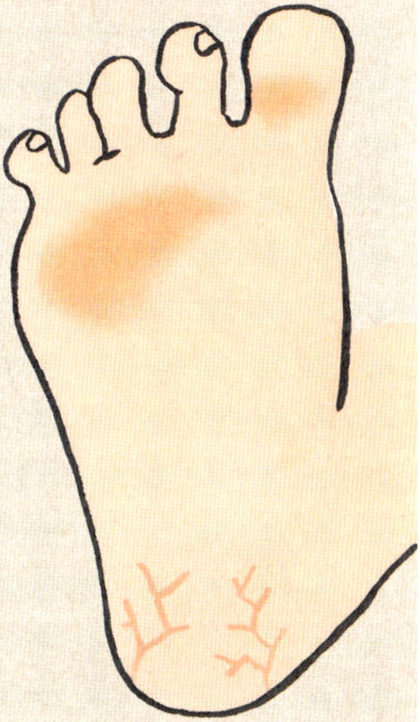

- 土踏まず → ない（偏平足）
- タコ・ウオノメ → ある
- かかと → ガサガサ
- 足の形 → 四角形（ワラジ系）
- 指の開き → うまく開かない
- 指の形 → 曲がっている指がある
- 小指の爪 → 小さく、横を向いている

育っている足

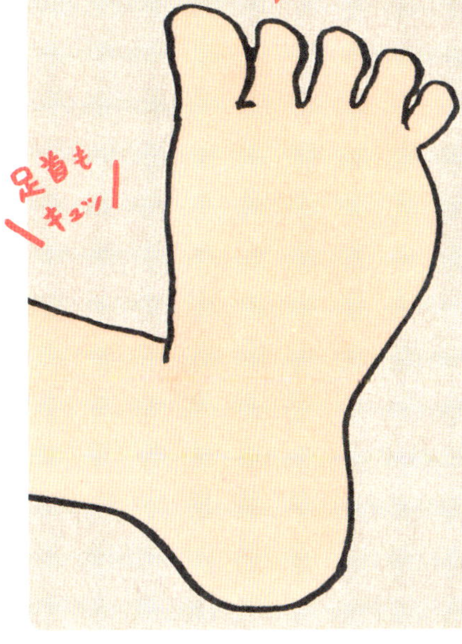

足首もキュッ！

- 土踏まず → ある
- タコ・ウオノメ → ない
- かかと → しっとり
- 足の形 → 逆三角形
- 指の開き → 等間隔に開いている
- 指の形 → まっすぐ伸びている
- 小指の爪 → 大きく、上を向いている

2

さぁ　お立ちなさい
10本の足指を
すべて浮かせて
そのまま
歩いてごらんなさい

足指を使わないと
歩くだけで
かなり疲れる！
すねと腰にくる〜
フラフラ
デパートやテーマパークで
一日中歩き回った後のよう
な疲労感…
ピキーン
ドスン
ドスン
ってことは
足指を使って歩くことが
大事だとわかるでしょ！
足指を使わなければ
ウォーキングも
時間のムダなのよ！

足指は、あぶら身を筋肉に変える起爆剤

ペタペタ、フラフラ、ノロノロ。ドスドスと大きな足音。足指を使わないで歩くことが、ここまで不格好でつらいなんて、想像したこともなかったでしょ。

足指を使わないと、股関節が動かないから、ふくらはぎや太ももの筋肉を使えないの。そのまま歩き続けると、すねが痛くなってきて、だんだん前かがみになって、腰や肩に負担がくるでしょう。このジンジンとした疲労感、身に覚えがないかしら。一日中歩きっぱなしだった日の夜とか…。思い当たるあなたは、足指をあまり使えていない可能性大ね。

足指の筋肉が弱ってくると、気づかないうちに前かがみ姿勢になる。すると腹筋やお尻、二の腕といった大きな筋肉も使われなくなって、全身があぶら身と化していくのよ。原因不明の肩こり・腰痛も、足指の衰えのせいかもしれないわ。

自分の足指をよく見てごらんなさい。特に、中指・薬指・小指！　指

同士がくっついていたり、曲がって縮こまっていたりしたら、指の力が弱っている証拠。ストッキングにハイヒールで足指をまとめてしまうと、1本1本がしっかり使えないから、足指の力が弱るスピードが速いわ。小指の爪がつぶれているのは、小指を使えていない証拠ね。

全身の筋肉の起点である足指の筋力がつくと、まず足裏と足の甲の力がよみがえって重心バランスが元に戻り、自然と姿勢が矯正されるわ。すると脚からお尻の筋肉がきちんと使われるようになるから、下半身のあぶら身がすっきりしていくの。O脚も解消していくはずだし、どれだけ歩いても、立ちっぱなしでも疲れにくくなるわよ。それに、足指の毛細血管まで血液が行き届くから、冷えも改善していくわ。

足指の力が、あなたの体型に直結している理由、体感していただけたかしら。まずは足指1本1本が自立して、力が発揮できる状態に戻してあげるのよ。

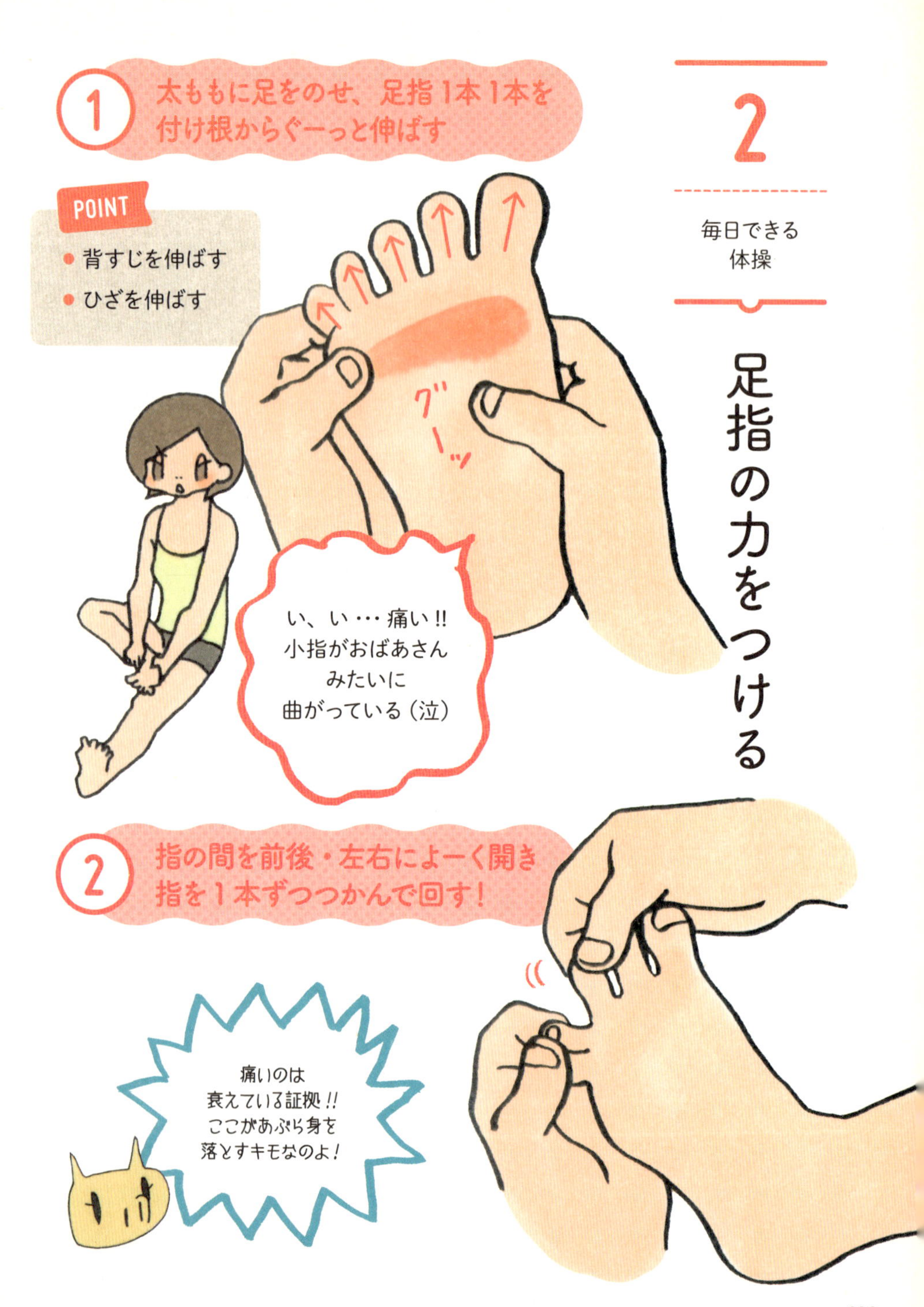
2
毎日できる
体操
足指の力をつける
1 太ももに足をのせ、足指1本1本を
付け根からぐーっと伸ばす
POINT
● 背すじを伸ばす
● ひざを伸ばす
グーッ
い、い・・・痛い!!
小指がおばあさん
みたいに
曲がっている（泣）
2 指の間を前後・左右によーく開き
指を1本ずつつかんで回す!
痛いのは
衰えている証拠!!
ここがあぶら身を
落とすキモなのよ!

③ 手指と足指でしっかりとギューッと握り合う

POINT

- 指の付け根までしっかり深く入れる

④ 足指１本１本に力が入っているかもう片方の手で触って確かめる

POINT

- 足指が浮いていないか
- 触ってみて足指の腹がやわらかいのは力が入っていない証拠！

小指と薬指がほとんど使われていないわね

3

さぁ　再び浅く腰掛けて
足裏全体で
大地を踏みしめるように
力いっぱいふんばって
ごらんなさい

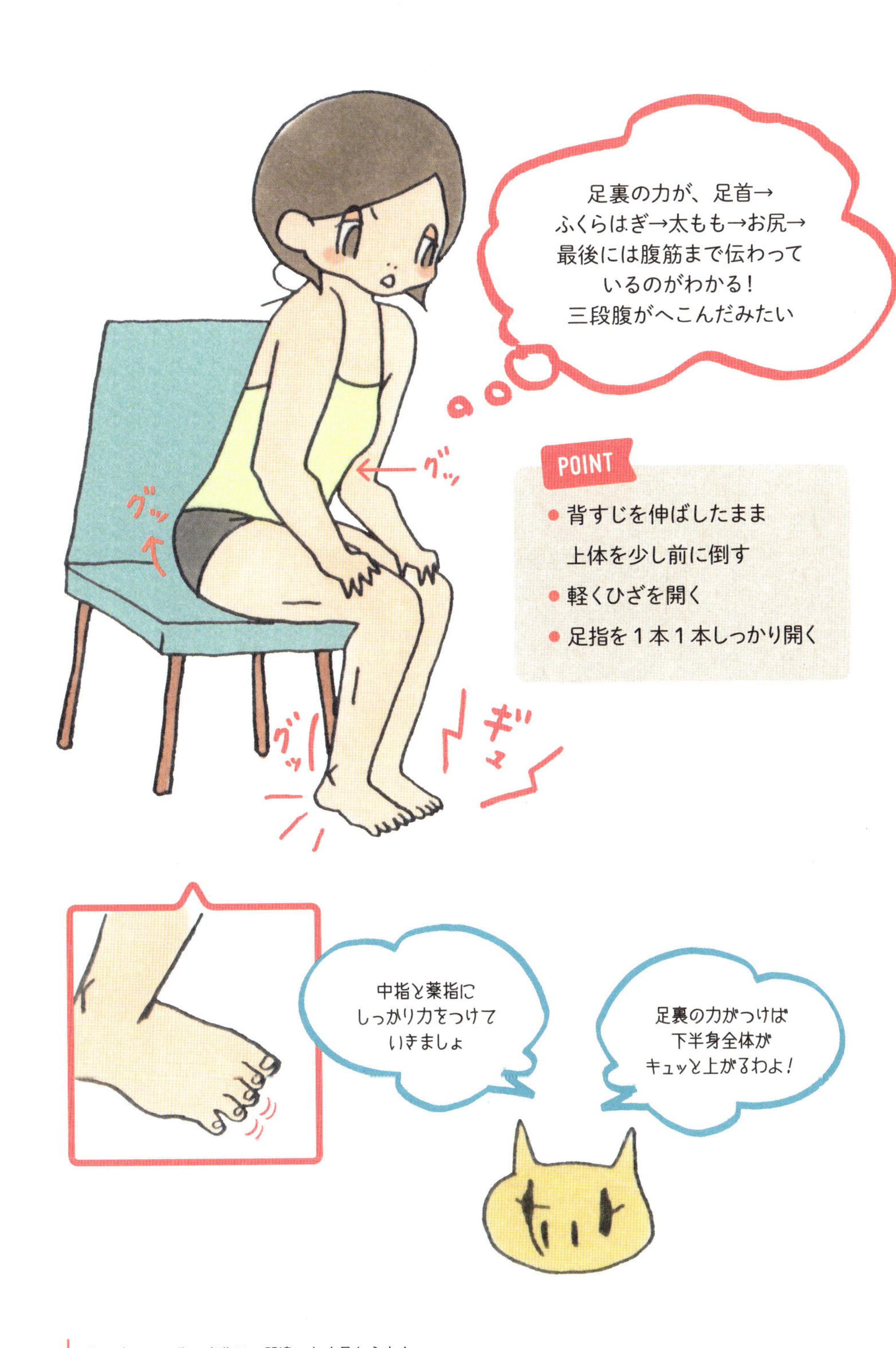
足裏の力が、足首→
ふくらはぎ→太もも→お尻→
最後には腹筋まで伝わって
いるのがわかる！
三段腹がへこんだみたい
グッ
グッ
グッ
ギュ
POINT
背すじを伸ばしたまま
上体を少し前に倒す
軽くひざを開く
足指を１本１本しっかり開く
中指と薬指に
しっかり力をつけて
いきましょ
足裏の力がつけば
下半身全体が
キュッと上がるわよ！

しなやかな足首で
あぶら身を刺激する

足裏全体で床をつかむようにふんばると、ふくらはぎ、太ももにしっかり力が入って、お尻の筋肉でググッと盛り上がるのがわかるでしょ。ここから、もうひと息！　もう少し足指を開いて、すみずみまで使ってふんばってみて！「えっ！　私の下半身って、こんなにきれいな筋肉があったの？」と驚くはずよ。お腹も触ってごらんなさい。あぶら身の奥に隠れていた腹筋が、コルセットのようにピシーッと巻きついているでしょう！　こんなに健気な腹筋のほとんどを、あぶら身にしてしまったのはあなたよ。少しずつ、育て直していくのよ。

さて、あなたは「足」と「脚」の違いがわかるかしら。「足」はつま先から足首まで、「脚」は足首から股関節までを指すのよ。足指1本1本からつながった「足」の筋肉をじん帯でまとめて「脚」へつなげる働きをするのが、足首なの。

この足首が硬いと、ひざや腰に負担がかかって、筋肉が正しく使われ

なくなる。さっきふんばったとき、イマイチ筋肉のつながりを感じられなかった人は、床にかかとをつけたまましゃがむ動作もつらいのでは？　最近は和式トイレで用を足せない人が増えているそうだから、老若男女問わず、足首を使わずに弱らせている傾向にありそうね。

年齢に関係なく、美しく立ち、大股でさっそうと歩く人は、脚とお尻の筋肉が正しく使われているから、下半身がすっきりしている。そのカギが、足指の力と、しなやかに動く足首なのよ。いくら足指の力を育てても足首の動きが硬いと、脚へつながりにくくなってしまうの。

足首は、じっくり回すことでしなやかさを取り戻せるけれど、ここで大事なことを言うわよ。足首を回すときは、手の力で、ぐるぐると回しては無意味！　脚へのつながりを感じながら、足首の力でじ〜っくり回すこと。手はあくまでもお手伝い。そうすることで、ひざと股関節も同時に動くから、下半身から筋肉が育っていくのよ。

3
毎日できる体操
足首の力をつける
① 足指の間に手指を入れ足首の力でゆっくり大きな円を描く
足首から脚へ つながっていくように あちこちで ビリビリ感じる！
POINT
・背すじを伸ばす
・ひざを伸ばす
・手足の指の力を抜く
POINT
・手はお手伝い
・足首の力で回す
・10秒で1回転くらい
内回しにすると また違う筋肉が ビリビリする！
そのビリビリは 脚のあちこちの 弱らせてしまった 筋肉の叫びよ！ しっかり感じ取りなさい！

2
手を外して左右同時に
ゆっくり大きな円を描く
大きくゆっくりって
結構つらい！
ひざが動いちゃう！
POINT
背すじを伸ばす
ひざを伸ばし、動かさない
カクカク
ギシギシ
これ何回やれば
いいですか!?
回数は自分の脚に
聞きなさい!!
「もうダメ」＋1回が
目安よ
POINT
お尻から1本の棒の先だけを回す
ようにして、足首を回す
内側に
ほとんど回って
くれない…

ある日の
お風呂あがり

あー
さっぱりした

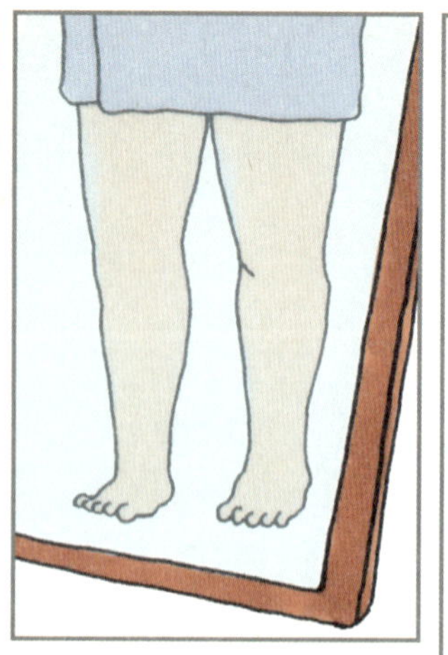

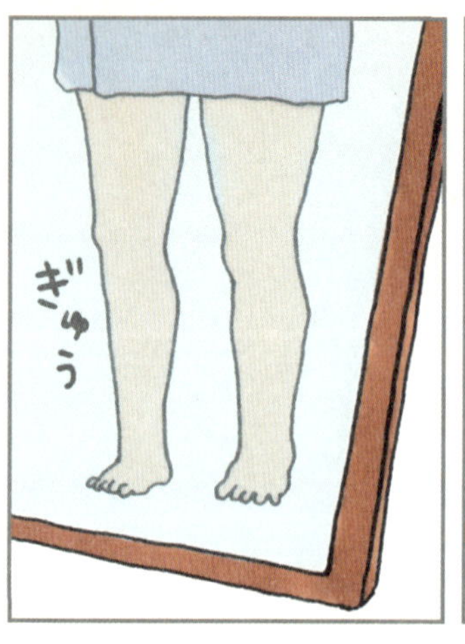

ぎゅう

ウーム。

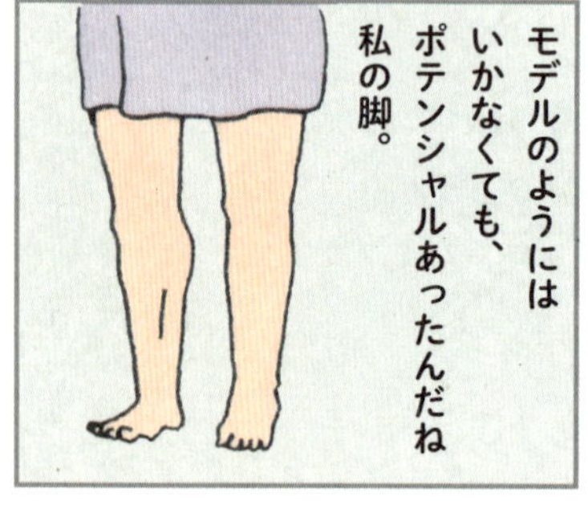

モデルのようには
いかなくても、
ポテンシャルあったんだね
私の脚。

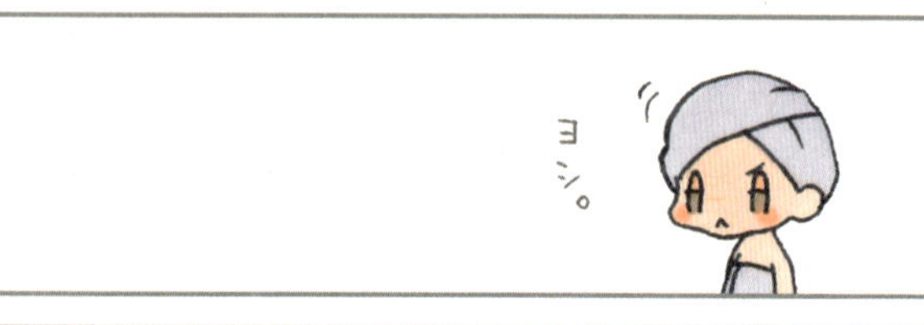

ヨシ。

ぺしょ

スキンケアしながら
毎日やろう
両方「やりだめ」が
できないことだもの

どれ
どれ

ホー

さて
もう30回ぐらい
回したかな

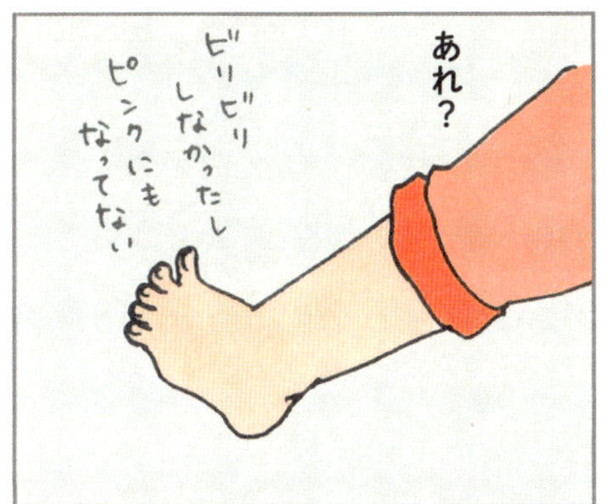
あれ？
ビリビリしなかったし
ピンクにもなってない

何でスマホなんて見てるの！
足首に集中しなきゃ何も感じとれないわよ！
ただ動かしても何の意味もないわ！

…ちゃんとやらなくちゃダメなのね
ぺり

ヒー
ビリビリ
ギシギシ

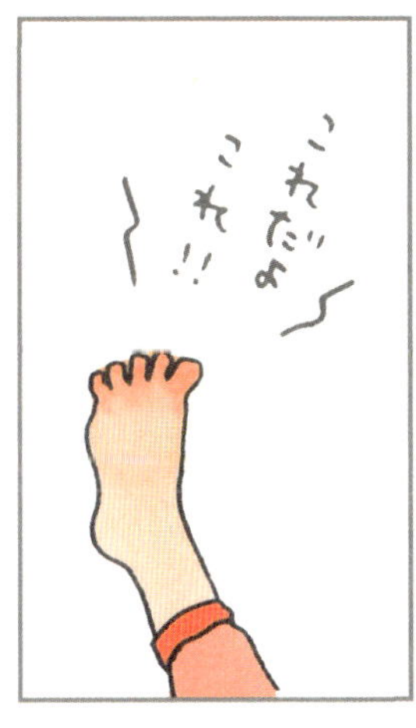
これだわ
これ!!

2日目

なんか
おかしも
コーヒーも
いらない
なぜか
お水が
おいしい
3日目
4日目
寝坊してやり忘れたら
なんか足の血のめぐりが
悪いかんじで
キモチわるい

そして
1週間後
むくんで
足首うもれてた
のに！

第2章

40代の体型は、日々の動作からよ！

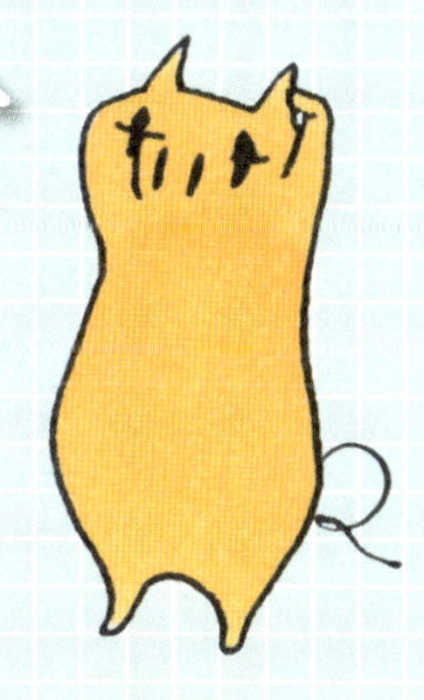

ある日の
電車の中
ん

キレイな人
なのになー…
姿勢って
大事

それは
「背すじを
伸ばして
いる」のね？
カシャコ

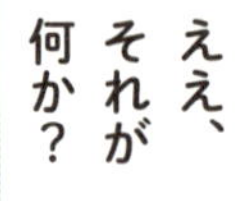
ええ、
それが
何か？

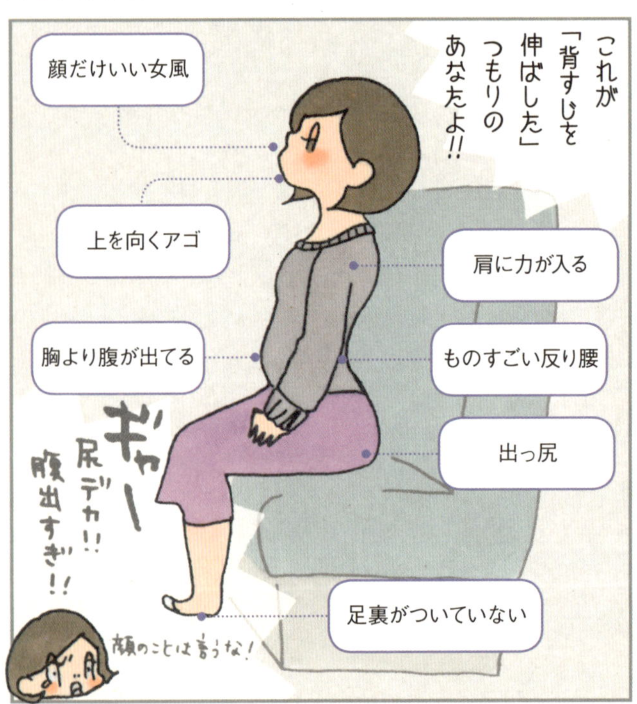
これが
「背すじを
伸ばした」
つもりの
あなたよ!!
顔だけいい女風
上を向くアゴ
肩に力が入る
胸より腹が出てる
ものすごい反り腰
出っ尻
足裏がついていない
ギャー
尻デカ!!
腹出すぎ!!
顔のことは言うな！

背すじ

「背すじを伸ばす」＝「お腹を引く」ことよ!!

背すじを伸ばせば、体があぶら身だらけかどうか一瞬にしてわかるわ。地獄の関所ね。
背すじを伸ばしているときの体は、お尻や脚といった「下半身の筋肉」、そして何より「腹筋」を使っているかが最重要なの。
約5～6kgもある頭をのせた背骨は、ただでさえ前かがみになりがち。そうならないよう、腹筋と背筋、下半身の筋肉が支えているの。
でも、ついついラクな体勢を取ってしまうのが人間の業。すると、それらの筋肉が使われないから、自然と前かがみ姿勢になってくるの。「私はそこまでおばあちゃんじゃない」ですって？　自覚はなくても、使われなくなった二の腕、お腹、お尻や太ももの筋肉は、すでにあぶら身と化して垂れてきているはずよ！　だから、久しぶりに「背すじを伸ばそう」とすると、つい背骨を意識してしまって、腰に負担がかかる姿勢になってしまうのよ！
わかったらさっさとページをめくりなさい。姿勢のポイントは「肩甲骨を下げて、お腹を引く」よ。これはすべての動作の、そして第3章で紹介する『あぶら身をごっそり落とす体操』の基本でもあるの。この感覚を身につけると、効果もテキメンにあらわれるわ。

しっかり感覚を使うのよ！

背すじを伸ばす！

すべての動作、体操の基本となる「お腹を引く」感覚は、一生の財産よ！

1 お尻を寄せる

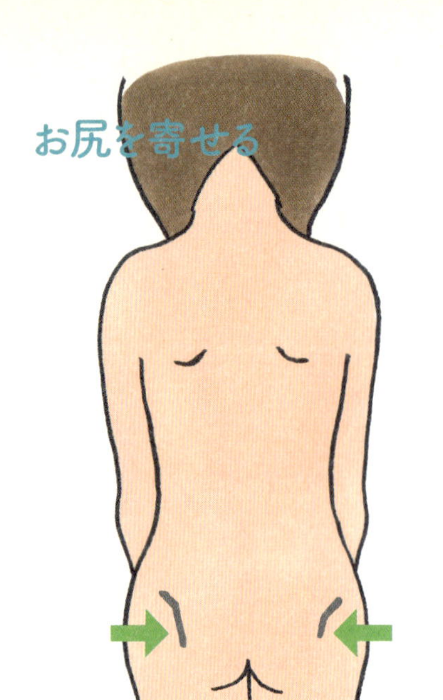

お尻の筋肉を内側に寄せるようにグッと引き上げて、そのままキープ。

2 肩を少し後ろに引く

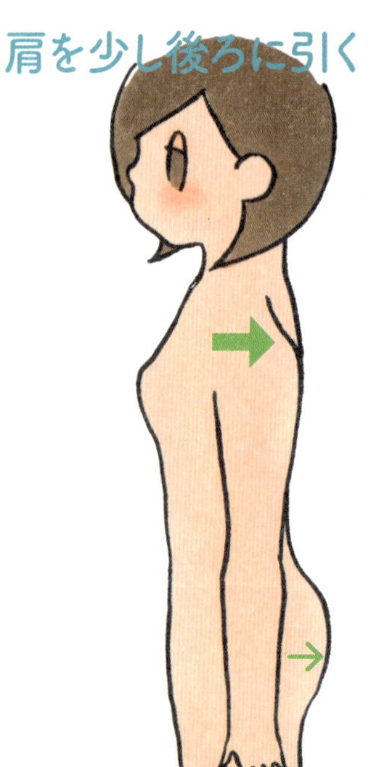

両肩を1センチほど後ろ側に引くと、前かがみになっていた上半身が自然と引き上がる。

3 肩甲骨を下げる

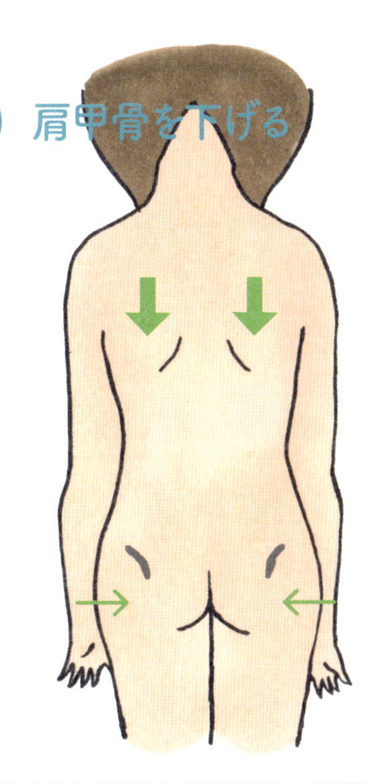

肩甲骨を1ミリ下げるようにすると、まず胸に力が入って上向きに開く。

4 自然とお腹が引ける

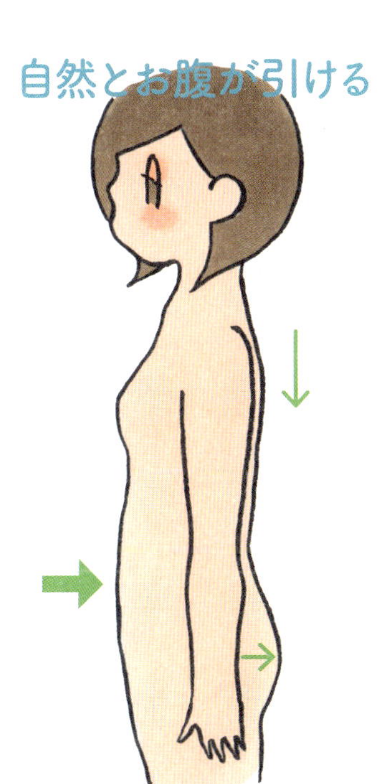

肩甲骨に引かれるようにして腹筋が使われ、腹部をぴっちりと覆う感覚がわかるはず！

その姿勢で
お腹のあぶら身を
つかんでごらん

ぴっちり

減ってます！

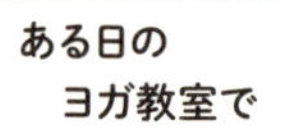
ある日の
ヨガ教室で

あっ
準備するものがあるの
ちょっと待ってて

すぐもどるわ〜

暇。
だら

ボケー

また撮るわよ!
カシャ

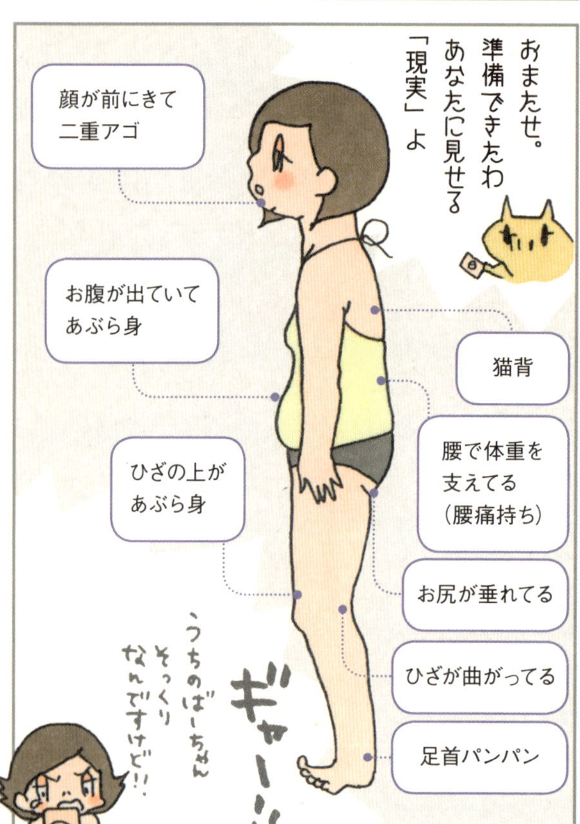
おまたせ。
準備できたわ
あなたに見せる
「現実」よ
顔が前にきて
二重アゴ
猫背
お腹が出ていて
あぶら身
腰で体重を
支えてる
(腰痛持ち)
ひざの上が
あぶら身
お尻が垂れてる
ひざが曲がってる
足首パンパン
ギャー!!
うちのばーちゃん
そっくり
なんですけど!!

立つ

「立つ」って、ひざを伸ばす力なのよ！

では質問。立っているとき、あなたの全体重はどこに乗っているかしら？　そうご名答、足裏ね。じゃあ、実際はどうかしら。あなたの足指や足裏にしっかり体重はかかっている？　ホラやっぱり、中指と薬指が浮いてるわよ！　これはね、残念ながらご老体になってきて、ひざが曲がってきている証拠ね。

ひざが曲がると、お尻と太もも裏にある大きな筋肉が使われなくなって、急速にあぶら身化するわ。下半身の外側（足の小指側）ばかりを使うようになるから、下半身の外側ばかりがやけに太く張ってくる。それに、背中や二の腕の筋肉も使いづらくなるわ。若い頃にはなかったブヨブヨを感じ、体型がオバサン化するのはそのためよ。

とことん現実を突きつけたところで、救いの手を差し伸べてあげるわ。さぁ立って、ページをめくるのよ。正しく「立つ」と、背が高くなった感覚になるはず。上半身が起きて、本来の体を取り戻した瞬間ね。さらに、足裏全体に体重が乗った感覚があればベストよ。

日常生活で「立つ」時間は意外と多いもの。電車の中で、キッチンで、歯みがき中、意識して「立つ力」を育ててごらんなさい。

しっかり立つ！

足指、ひざ、太もも、そしてお尻。下半身をすみずみまで使って「立つ」美しさを知りなさい！

しっかり踏みしめるのよ！

1 足指・足裏で踏みしめて立つ

足指・足裏の全体で床をしっかり踏みしめて立つ。腰やひざに負担をかけていた体重がすとんと足裏に乗るのがわかるはず。

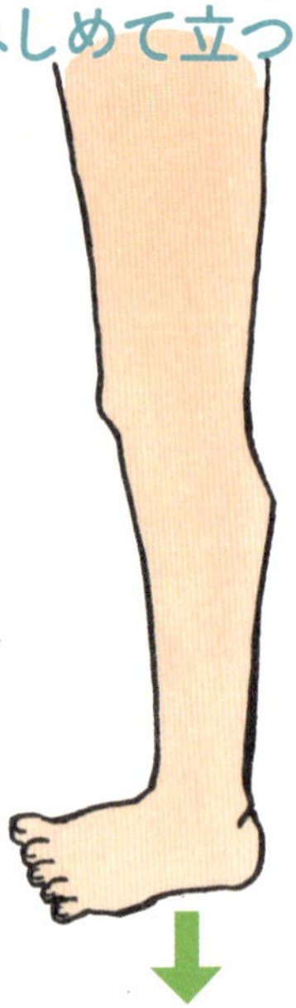

2 太ももの力でひざ裏を伸ばす

太ももの筋肉でひざをギュッと後ろに押すように伸ばす。

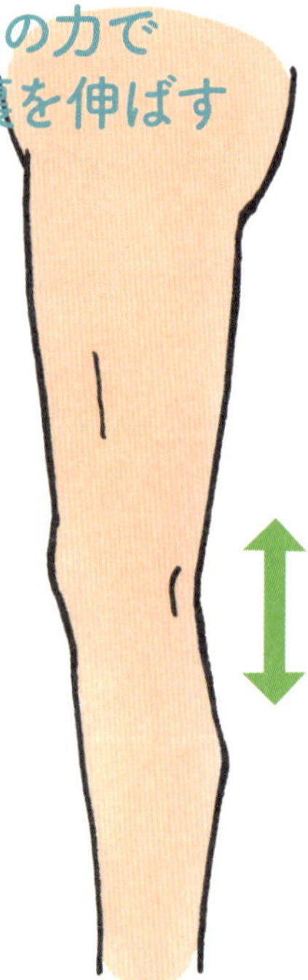

3 足の親指とお尻に力を入れる

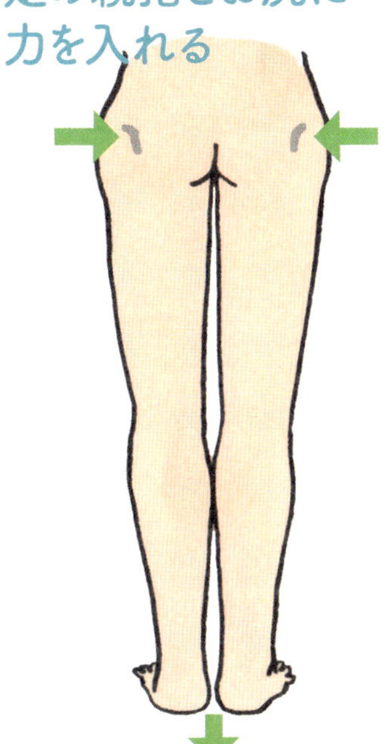

足の親指から脚の内側の筋肉に意識を向けながらお腹を引き、お尻の筋肉を寄せる。筋肉が使われていることを感じて！

脚が美しくまっすぐになってる～!!

ギュ～

4 肩甲骨を下げてお腹を引く

力んでいた肩甲骨をすっと1ミリ下げると、自然とお腹がぺたっとへこむ。

身長も伸びたんじゃない？

わかったわかった
もう隠し撮りしないから
歩いてるとこ撮らせて

ハイ!
スタート!!
ドンツク♪ドンツク
カシャカシャ

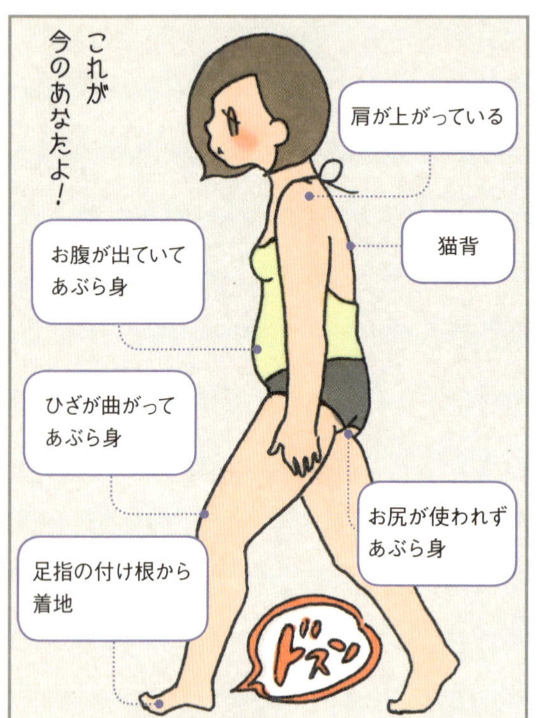
これが
今のあなたよ!
肩が上がっている
猫背
お腹が出ていて
あぶら身
ひざが曲がって
あぶら身
お尻が使われず
あぶら身
足指の付け根から
着地
ドスン

人類の
進化
…?

もう
隠し撮り
やめて!!

美脚は、足指・足裏から生まれるのよ！

足が床に着地した瞬間を激写したわ。ごらんなさい。指の付け根あたりから着地しているわね。ドスンドスンという、オバサンさながらの足音はこのせいよ。上半身も使われずに曲がってさ…。歴史の教科書に載っていた「人類の進化」さながらじゃないの！

原因はね、足裏全体を使って歩いていないから。特に、足の親指を使わないと、脚の内側の筋肉も使われなくなって、頭の重さを支えきれずに前かがみの歩き方になるわ。

足裏全体を使って歩くと、あなたの最大の悩みである、太ももとお尻のあぶら身が美しい筋肉に変わっていく。脚力や代謝を上げることにつながるから、初めてウォーキングやランニングの効果も出るはずよ。そう、時間や距離のせいではなかったの。単に必要な筋肉を使えていなかっただけなのよ。

そうとわかれば、ページをめくって新たな第一歩を踏み出しましょ。そうそう、普段からつまずきやすい人は、足首が硬くてつま先が上がりにくくなっているせいよ。ウォーキングの効果を上げたいならば、P42で紹介した「足首回し」を行うと、より足指と足裏をしっかり使って歩くことができるはずよ。

しっかり歩く！

足裏の重心移動をスムーズにするには、実は上半身の使い方がポイントよ！

ちゃんと意識して歩くのよ！

1 肩甲骨を下げて、お腹を引く

上半身はこの基本姿勢をキープ。

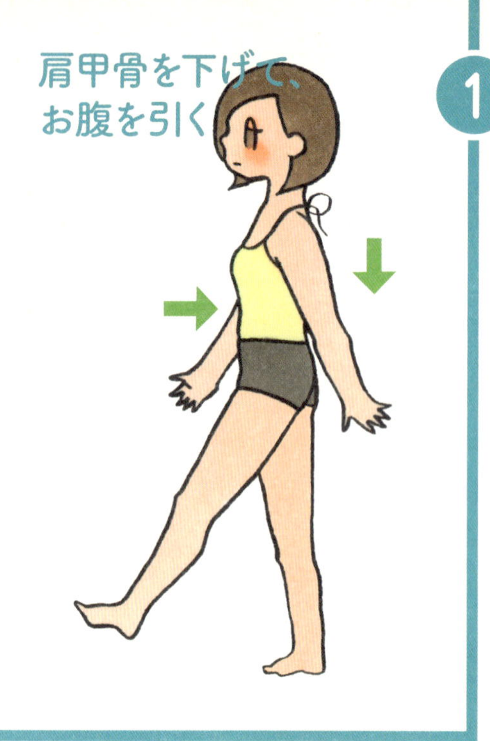

2 かかとから着地する

足先を上げて、かかとから着地する。お尻がしっかり使えます。

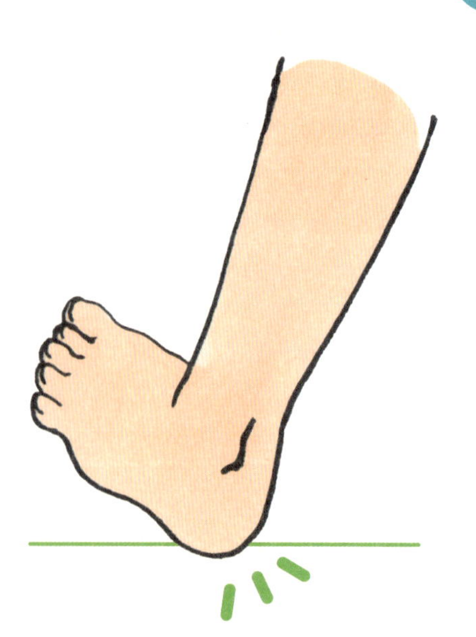

3 足指の付け根に重心を移動する

5本の指で大地をギュッと踏みしめるようにすると、足指全体に力が入る！

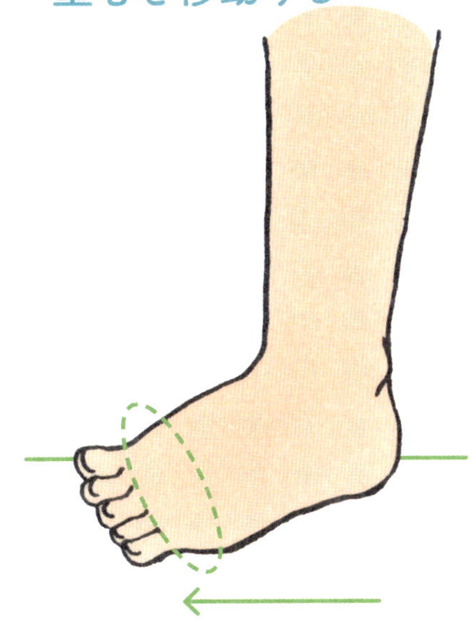

4 5本の足指で地面を蹴り出す

最後は親指の力で蹴り出すと、脚の内側の筋肉も使えているのがわかるはず。

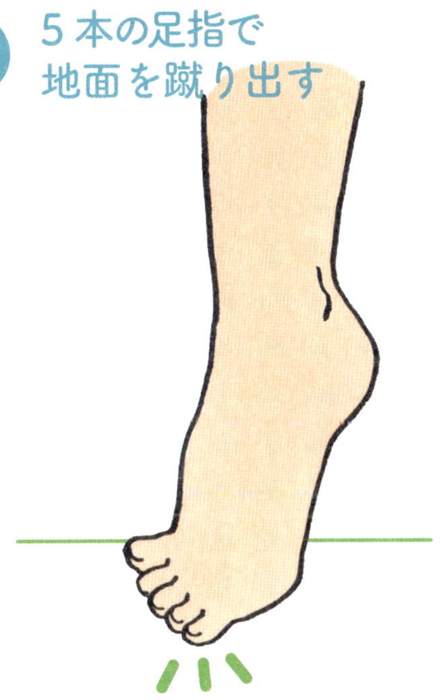

ぬぉぉぉ〜
脚の内側とお尻、
めっちゃ使う!!

キュッ

ハイ休憩〜
あーつかれた

約束はしたけれど
見せなくては
この現実を

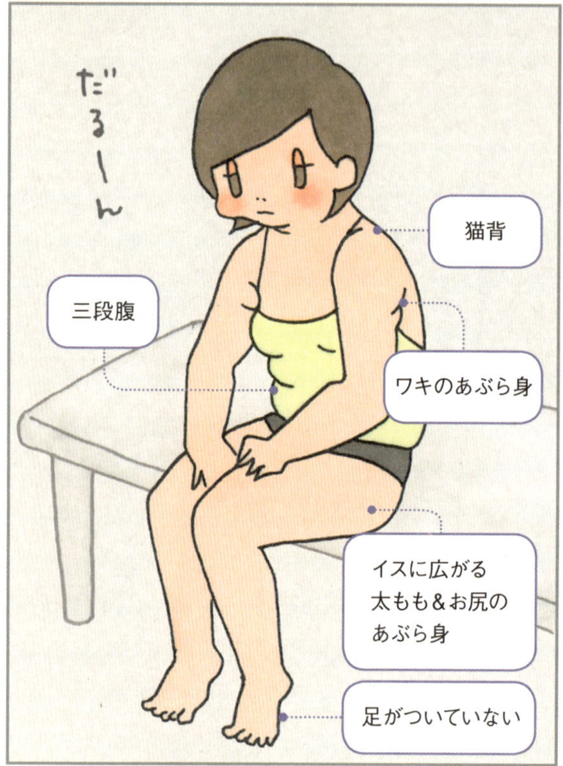
だるーん
猫背
三段腹
ワキのあぶら身
イスに広がる
太もも＆お尻の
あぶら身
足がついていない

ハイ
これが油断している
ときの座り方ね
今までで一番
ダメージ大きい

座る

「座る」には、太ももの力が必要なの！

　ショックで立ち直れない様子だけど、そのラクな座り方で、体に意識を向けてみてほしいの。今、一番体重がかかっている部分はどこかしら。そう、太ももとお尻ね。足裏なんて、床にチョンとついているだけでしょう。
　下半身をごらんなさい、お尻のあぶら身が太ももまで下がって、座面いっぱいに広がっているわ。お腹のあぶら身も、胸の下から見事に三段になってコンニチワね。
　あなたの座り方は、特に太ももが衰えている証拠ね。「座る」って、実は太ももの力なの。
　太ももは体の中でも特に大きな筋肉で、前はお腹に、後ろ側はお尻につながって、上半身を支えているの。そう、そのノニブニのあぶら身は、本来は筋肉だったの。それをあぶら身にしてしまったのは、あなたよ。だからこそ、よくしていけるのもあなただけなのよ。
　やる気が出たわね。ページをめくりましょ。ポイントは、太ももとお尻にかかっていた体重を、足裏に移動させることよ。そう、背もたれから上体を起こして、浅く腰掛けないとやりにくいわね。いい姿勢になったわよ。
　ほら、こうして意識して座るだけで、あぶら身だった筋肉はよみがえっていくのよ！

きちんと座る！

イスに広がる太もものあぶら身は、足裏の力で筋肉に変えるのよ！

1

肩甲骨を下げてお腹を引く

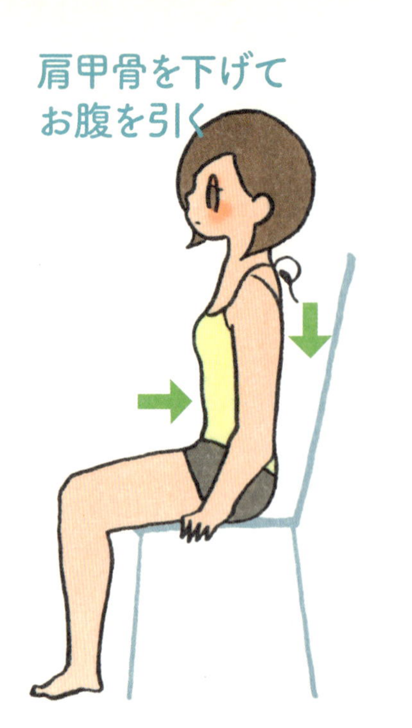

浅く腰掛けて、足指・足裏にも体重を乗せる。

2

そのまま上体を少し前に傾ける

猫背にならないよう注意しながら、他人に気づかれないくらい自然に傾けていく。

3 足指と足裏でふんばる

足指と足裏に体重をかけていくと、感覚がはっきりして、ふくらはぎや太もも前面が使われるのを感じるはず。

4 そのまま両ひざをつける

さらに太ももの内側にも力が入り、お尻が浮き上がってくるのがわかるでしょ？

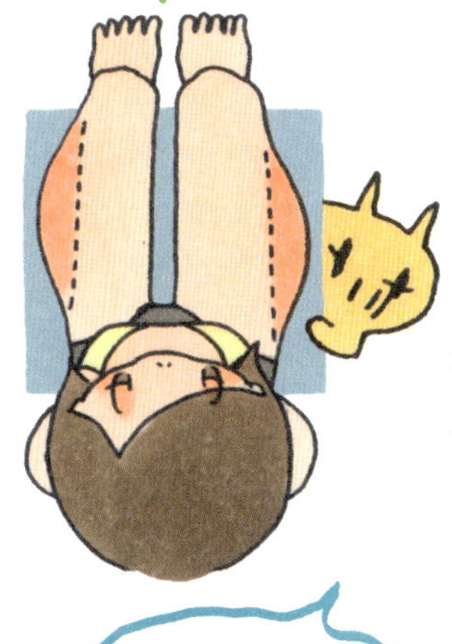

ある日の
自宅で
これが
四十路を迎えた
私の現実…
うっ
うっ

……でも

育てれば
いいのよ
ニコ

…

育てる…？
どういうこと？
筋肉は鍛えるものじゃないの？
むく

次の日から
むく

朝は
足を育てる体操
TO DAY

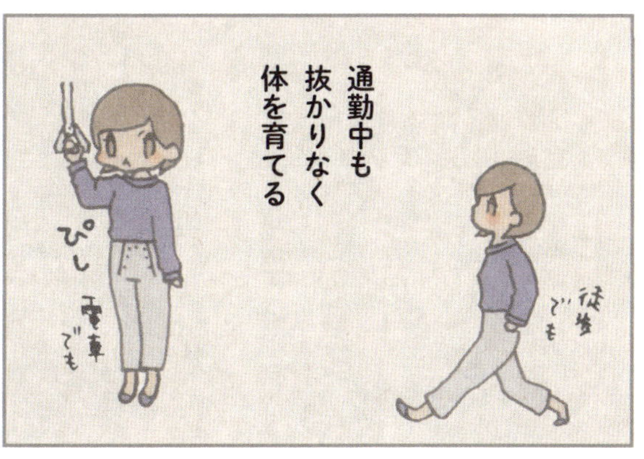
通勤中も
抜かりなく
体を育てる
ぴし
電車でも
徒歩でも

不審がられ
なんかみーさんプルプルしてる?
そお?

いちばん
つらいのは

はっ
シャキッ

いつもの座り方が
できないこと!
育てばきっとラクになる!

正直
キツイ
けど…
エレベーター？
死んでも
使わなく
ってよ
女子の
たしなみよ

くそう
ブタの
くせに…
なんのことやら

2日目
こんなところが
イタイの
はじめて
太ももの裏と
お尻が
筋肉痛に…
3日目
ぐっすり眠って
さわやかな目覚め
なぜかくすみが
消えた
背すじが伸びて
しっかり呼吸が
できるように
なったからよ
1週間後
マジっ？
屈辱の
スキニーパンツが
普通にはけた
こんなに
ヒドかった
のに!!

どうしたんですか？
？

なんでもない!!
？

うれしくて
お尻触っちゃう
だって
お尻の位置が
上がってるの！

そういえば

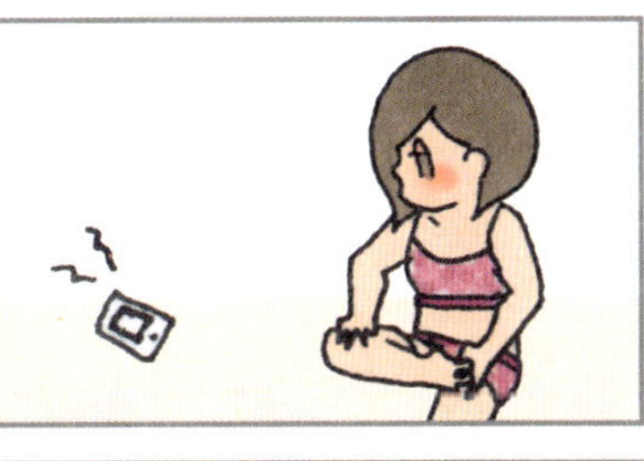

私、「スマホの
向こうの
キレイな人」に
憧れが
うすくなった

がんばって鍛えたわけじゃないのに
「自分の体」が変わってきた！
楽しくてワクワクする
「自分の毎日」をちゃんと
生きてるって感じ！
これが「育てる」なのね！
足指
ひらくように
なってきた♥

第3章

さ、体操よ！
40代のあぶら身を
ごっそり落とすわよ！

40代のあぶら身

1

下腹が年々たるんで厚みを増していきます

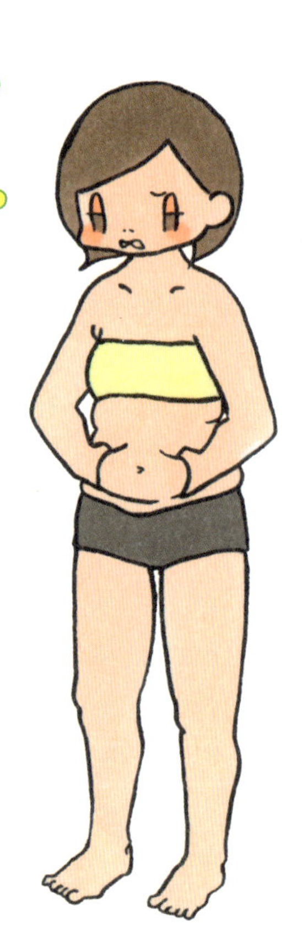

もともと下腹には自信がないタイプでしたが、40代に突入したとたん、さらにたるんで、リアルに鏡もち状態になってしまったんです。手のひらでめいっぱいつかんでもあふれるぐらい…。うぅ…。

腹筋が衰えてきたのね。そもそも腹筋の役目は、前側から背骨を支え、骨の代わりに内臓を守ること。ここが弱っている体って、どういう状態だと思う？

……腰が曲がって、内臓が働きにくい状態…。

ご名答。腹筋を育てれば、姿勢がよくなって、動作がスムーズになるわ。すると、あぶら身と化していた全身の筋肉が育つから、代謝も上がる。内臓も本来の働きを取り戻すから、不調も自然と改善していくわよ。

単に、引き締まったお腹になるだけじゃないんですね。

まずは、まんべんなくムギューッとつかんで、眠っていた腹筋を呼び覚ますことがとても有効よ。

うがー！　やっぱり、あぶら身が憎らしいほどつかめます！

憎んだり「これを落としたい」と思うのではなくて、「これが私のお腹！」としっかり感じ取ることが大切。腹筋は〝鍛える〟のではなく、どれだけ〝意識〟できるかがカギだからね。自分自身のガードルだから、生涯ちゃんと育てていくのよ。

1

下腹 ❶

お腹をつかむ

❶ 足を肩幅に開いてしっかり立ち、少し前かがみになってお腹を見る。
❷ それぞれの部位を深く、場所を変えながら何度もつかむ。

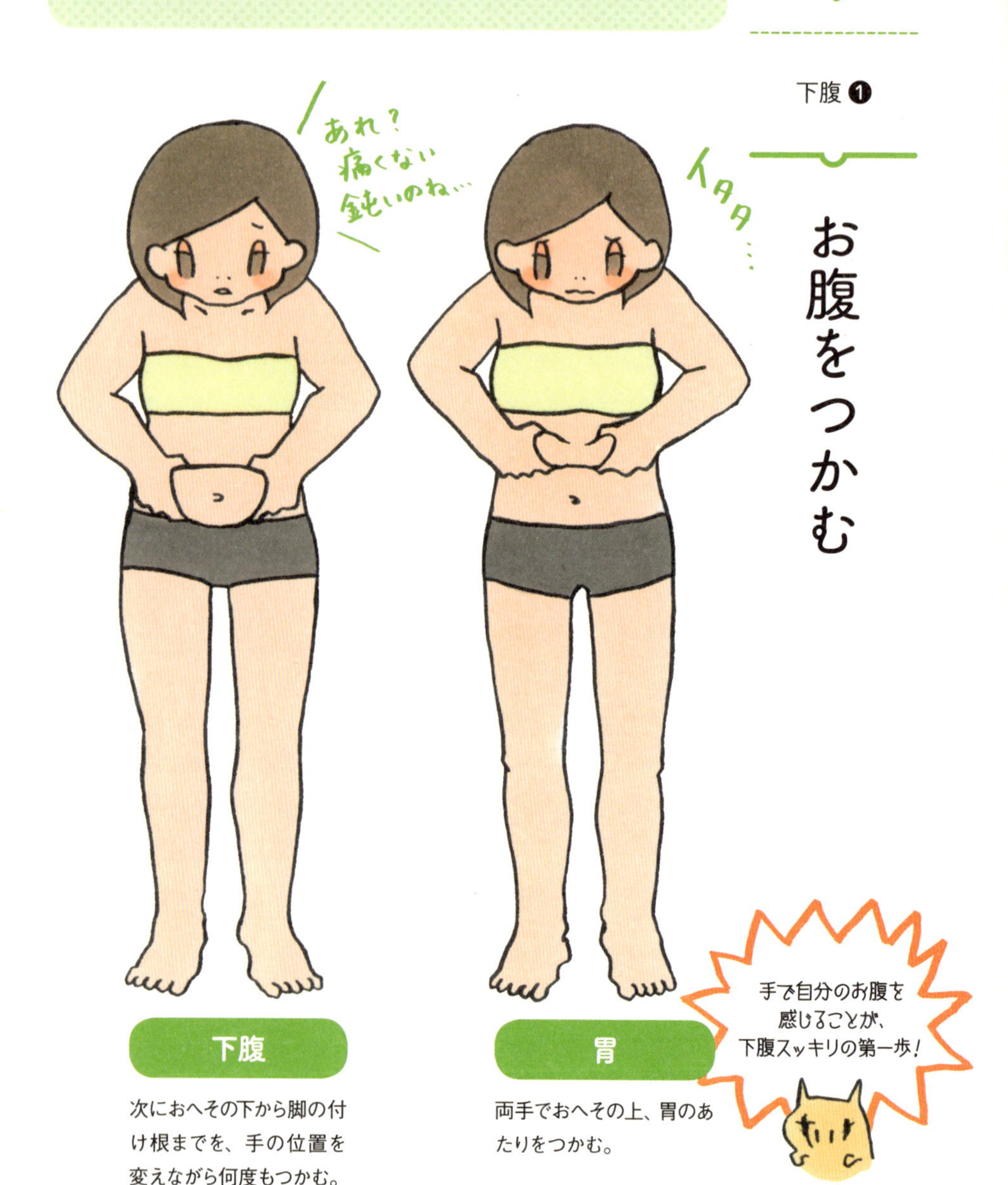

下腹

次におへその下から脚の付け根までを、手の位置を変えながら何度もつかむ。

胃

両手でおへその上、胃のあたりをつかむ。

この「ムギュ～ッ」を筋肉に変えるのよ！

POINT

- ひざを伸ばす
- 足裏全体を使ってしっかり立つ

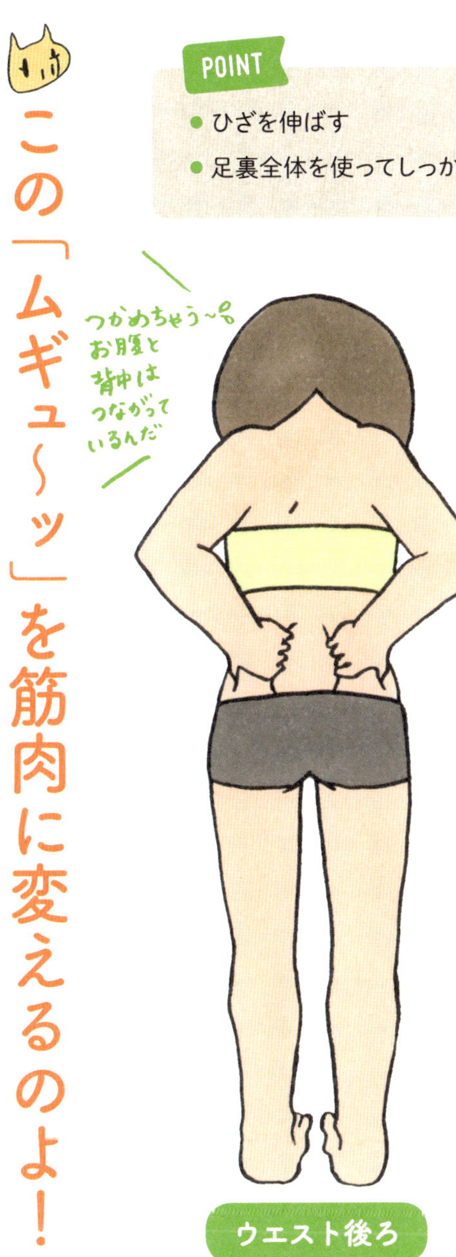

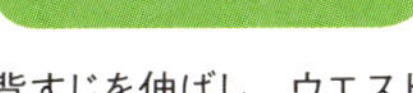

背すじを伸ばし、ウエストの後ろ側をつかむ。

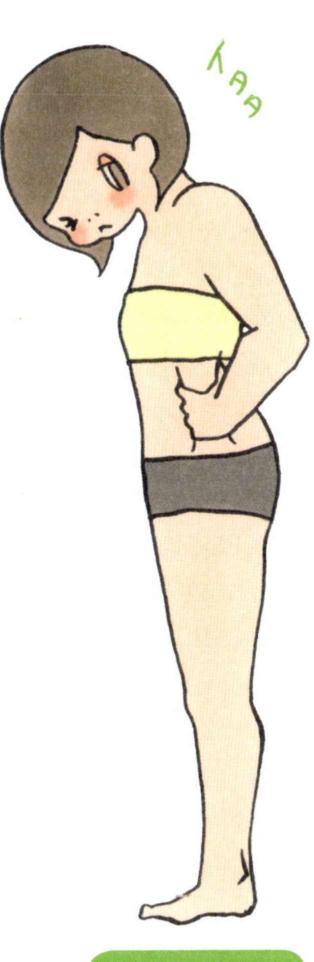

わき腹

ウエストに手を当て、ろっ骨と骨盤の間をつかむ。

40代に効果的な体操

2

下腹❷

あお向け左右の脚上げ

❶ あお向けになり、腕を横に広げて手の平を下にし、指をしっかり開く。
❷ ひざを伸ばし、腹筋の力で両脚を上げる。
❸ 腹筋の力で片脚を床上までゆっくり下げる。
❹ 左右交互に行う。

POINT

- ひざを伸ばす
- 腰を床に押しつける
- 腹筋を意識して引く

40代に効果的な体操

3

下腹❸

あお向け両脚上げ

❶ あお向けになり、腕を横に広げて手の平を下にし、指をしっかり開く。
❷ ひざを伸ばし、腹筋の力で両脚を上げる。
❸ ひざを伸ばしたまま、ゆっくりと下げる。

ゆっくり

ひざを伸ばすと
腹筋ビリビリ!

POINT

- ひざを伸ばす
- 腰を床に押しつける
- 腹筋を意識して引く

他人に見せられないお腹にしたのは自分よ!

40代のあぶら身

2

お尻が垂れて、外側に広がっていきます

30代からは「ボトムはストレッチ素材のウエストゴム」と決めて生きてきました。幸い、ファストファッション各社からかわいいものが多数出ていたので、愛用していたのですが…（泣）！

なになに!?　いきなり泣き出したわ！

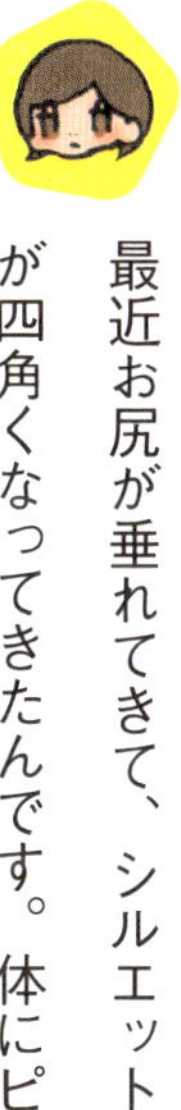

最近お尻が垂れてきて、シルエットが四角くなってきたんです。体にピッタリ沿うパンツをはくと、中年体型が丸出しになってしまうんです～！

プリッとしたお尻のふくらみは、お尻の筋肉の一部である大臀筋が握っているのよ。何より、お尻の筋肉は骨盤を支える役目があるから、ここが弱ると全身がゆがんであぶら身につながるし、人体の中でも特に大きくて目立つ筋肉だから、当然シルエットも変わるの。

なんと…！　でも、お尻の筋肉ってどう育てるんですかね？

ポイントは二つ。まずは大臀筋ね。直立姿勢や、脚を後ろに動かすときに使われる筋肉だから、日常生活と体操でなんとかしましょ。もう一つは、股関節よ。ここを意識して動かすと、お尻・太もも・腹部の筋肉が一気に動くの。一見同じ動きでも、「ただ脚を上げる」のと「股関節から脚を上げる」のでは、まるで違う感覚、効果になるわ。普段はあまり使わない、内もももキュッと育っていくわよ！

40代に効果的な体操

1

お尻❶

お尻を寄せる

❶ うつぶせになり、両手を顔の横に置いておでこを床につける。
❷ お尻の筋肉に力を入れて、内側に寄せる。
❸ 手で触ってお尻が寄っているか確認する。

40代に効果的な体操

2

お尻 ❷

うつぶせ片脚上げ

❶ 1の「お尻を寄せる」の姿勢のまま、ひざを伸ばして、お尻の力で片脚をゆっくり上げる。
❷ 左右交互に行う。

POINT

- おでこを床につける
- 肩の力を抜く
- お尻を内側にキュッと寄せる
- ひざ裏を伸ばす
- 腰に負担がかからない角度まで上げる

「お尻を寄せる」はすべての基本よ！

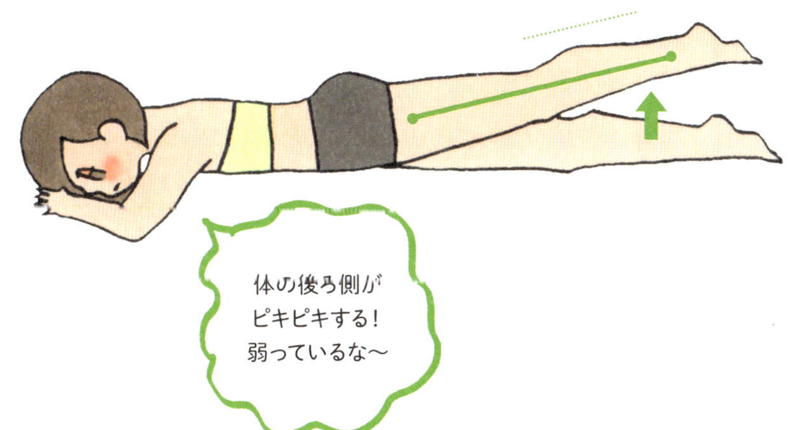

40代に効果的な体操

3

お尻❸

うつぶせ両脚上げ

❶ うつぶせになり、両手を顔の横に置いておでこを床につける。
❷ お尻の筋肉に力を入れて、内側に寄せる。
❸ ひざを伸ばして、お尻の筋肉を使って両脚をゆっくり上げる。

POINT

- おでこを床につける
- 肩の力を抜く
- お尻を内側にキュッと寄せる
- ひざを伸ばす
- 腰に負担がかからない角度まで

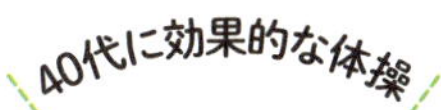

4

お尻❹

股関節回し

四角いお尻は股関節の衰えよ!

❶ P81 2 の「うつぶせ片脚上げ」のまま、股関節を支点にして時計回りに、反時計回りに、じっくりと回す。
❷ 左右同様に行う。

POINT

- おでこを床につける
- 肩の力を抜く
- お尻を内側にキュッと寄せる
- ひざを伸ばす
- 腰に負担がかからない角度まで上げる

回数は
「もうダメ!」と
思ってから
+2回が目安よ

ゆーっくり

「脚」じゃなく
「股関節」から回すのよ!
垂るんで下がったお尻周りが
スッキリしてくるわ

40代のあぶら身

3

二の腕が垂れて、ワキがたるむんです

「じゃあね〜」って手を振ると、二の腕の内側がたぷたぷ揺れる感覚がわかるようになったのが30代後半でした。

あ、あれね。いわゆる〝振袖肉〟ってやつね。

最近さらに進行して、ワキの下もたるんでハミ出ているんです。

お気づきかしら。背中側のワキにも、三重のひだが寄ってるのを…。

二の腕の筋肉は、5本の手指が起点となって、胸と背中につながっているから、ワキのあぶら身は当然の結果と言えるわね。自分で触ってたどってごらんなさい。

手指から手のひら…二の腕の内側の筋肉…ワキから胸へ！ まさに今、私が「たるみが気になる」と言った部分！

一方、手の甲からは二の腕の外側、そして背中につながってるのよ。何のためだと思う？ 胸と背中に何があるのかしら？

うーん、肺ですかね？

そう！ 呼吸をするために、上半身の前側と後ろ側につながって、ろっ骨を動かしているの。だから二の腕の筋肉を育てると、呼吸が深くなるわ。たっぷりの酸素が細胞に運ばれるから、老化現象ともオサラバよ。大切な二の腕の筋肉を効果的に育てるためには、起点である手指の力が不可欠。まずは弱っている指を意識して動かしてみてね。

40代に効果的な体操

1

二の腕 ❶

渾身のグーパー

❶ 5本の足指と足裏で床をしっかり踏みしめて立つ。
❷ 肩甲骨を下げてお腹を引き、お尻を内側に寄せる。
❸ ひじを伸ばし、親指を中にして5本の手指をしっかりと握る。
❹ 指と指の間を力いっぱいに開く。

んん?
薬指の感覚が
弱い…!?

POINT

- 肩甲骨を下げる
- お腹を引く
- お尻を寄せる
- ひじを伸ばす
- 足指を意識してしっかり立つ

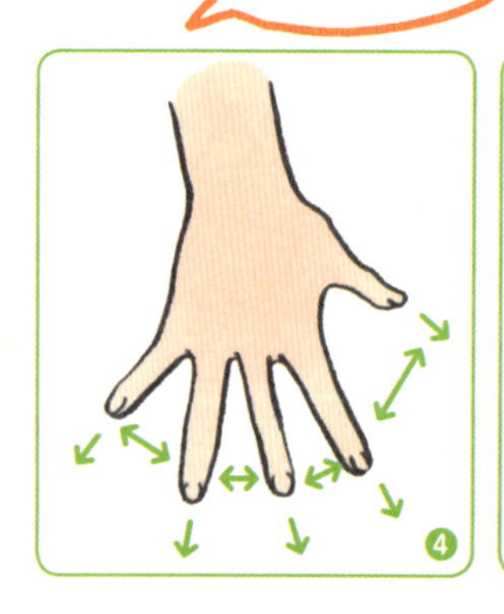

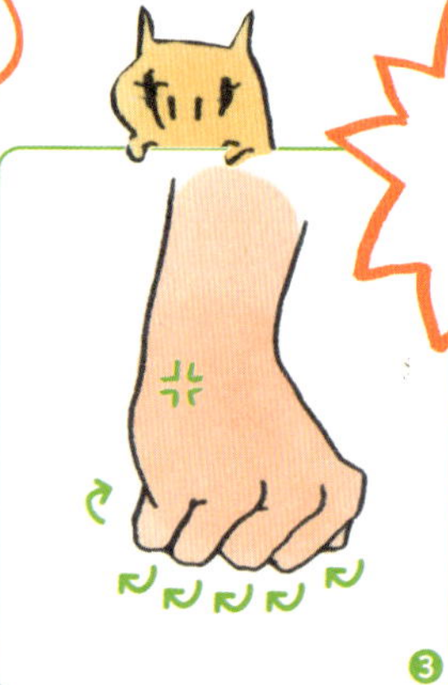

40代に効果的な体操

2

二の腕❷

渾身の手首回し

二の腕の起点は、5本の手指よ!

❶ 1の「渾身のグーパー」の姿勢のまま、手指をしっかり開く。
❷ そのまま肩を支点にして、ひじを伸ばし手首から先だけをゆっくりと外回しにする。
❸ 内回しも同様に行う。

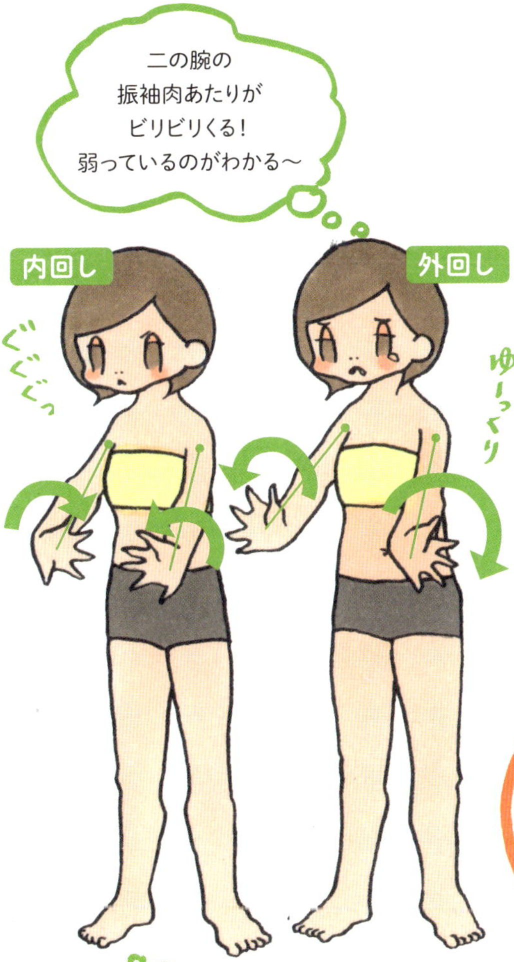

40代に効果的な体操

3

二の腕 ❸

小指がつくまで二の腕ねじり

❶ 足を肩幅まで開き、5本の足指と足裏で床をしっかり踏みしめて立つ。
❷ 両腕を肩の高さまで上げてひじを伸ばし、手指を広げ
1本1本までしっかり伸ばす。
❸ 手のひらを上に向けて小指を合わせる。
❹ 腕を内側にゆっくりとねじって手の甲をつけ、小指を合わせる。

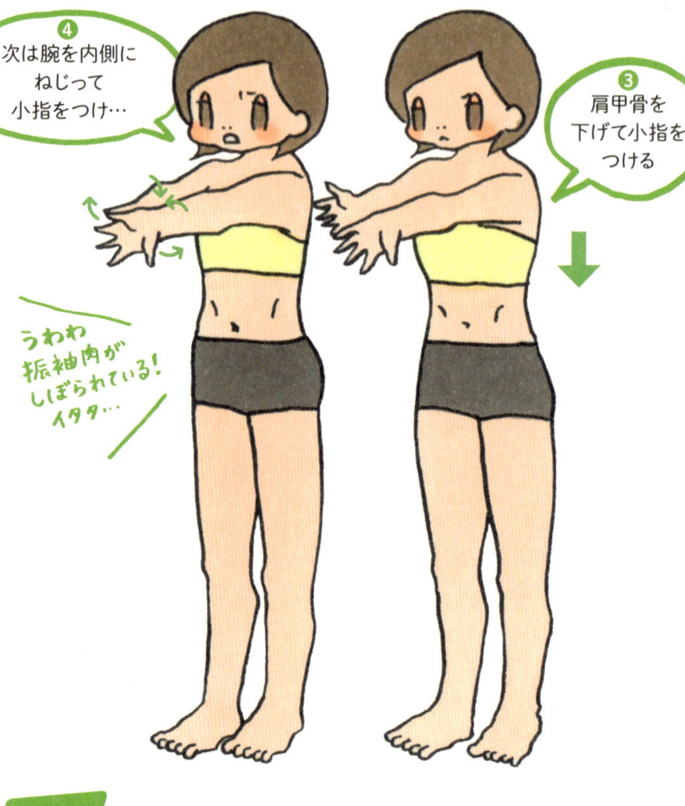

❹ 次は腕を内側にねじって小指をつけ…
❸ 肩甲骨を下げて小指をつける
うわわ 振袖肉がしぼられている! イタタ…

POINT

- 肩甲骨を下げる
- お腹を引く
- お尻を寄せる
- ひじを伸ばす
- 足指を意識してしっかり立つ

指先までしっかり力を入れて弱った二の腕とのつながりを感じるのよ!

40代に効果的な体操

4

二の腕❹

二の腕ねじり

二の腕の再生で、代謝も上がるのよ！

❶ 3の「小指がつくまで二の腕ねじり」の姿勢のまま、両腕を横に広げて手のひらを下に向ける。
❷ 手指１本１本までしっかり開き、肩の力を抜いて、腕を前側にゆっくりとねじっていく。
❸ 後ろ側にも同様にねじる。

POINT

- 手指をしっかり開く
- 肩はラクに
- お腹を引く
- 足指を意識してしっかり立つ

前側にねじると
振袖肉から背中までの
筋肉を感じるでしょ

背中がいつの間にか分厚くなり段になりかけています

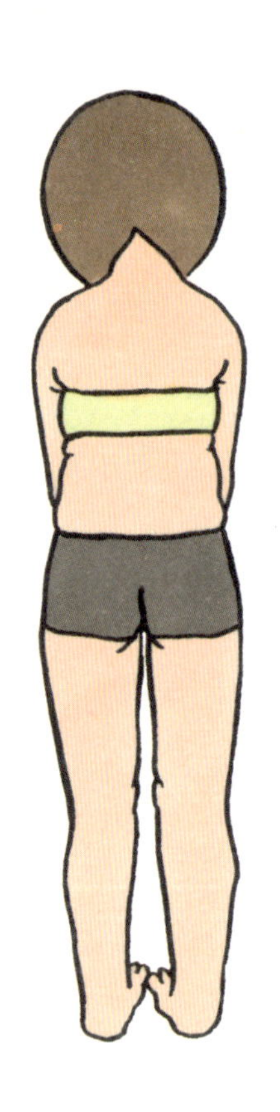

先日、5年ぶりに喪服を着たんです。背中のファスナーは何とか上がったものの、ワキが妙にキツくて、ブラからはみ出た肉の断層がしっかり浮き出てました。

お悔やみ申し上げます。ああいうフォーマル服の布地って残酷よね。せっかく顔は化粧でごまかしたのに、丸々とした背中が実年齢を語ってしまうのよね。

うぅ…確かに、背中の状態って、その人の体型と直結しますよね。

手指から手の甲、二の腕の外側からつながっている背筋は、大切な背骨とろっ骨を支える役目があるわ。ここが弱ってしまうと、約5〜6kgもある重い頭を支えきれず、背骨が丸くなっていく。すると、体を動かすのに必要な筋肉が使われなくなって、あぶら身だらけの中年体型になるのよ。

逆に言えば、背中を育てれば必然的に、全身の印象が変わっていく？

その通りよ！　背骨って1本ではなくて、26個の骨が積み重なってできているの。背筋は、そのひとつひとつを支えて動かす筋肉の集まりよ。それらの起点である10本の手指から、腕を通じて背中までつながっていることを〝意識して感じとる〟ことが、体操の効果を上げるポイントになるわ。

中でも、P92の「にゃんこ」体操はキモね。背中を中心に、手・腕・お腹と、全身を使うから、弱っているところをチェックするのにもぴったりよ。私も毎日欠かさないわ。

40代に効果的な体操

1

背中❶

にゃんこで上半身伸ばし

❶ 四つんばいになり、手指をしっかり開いてひじを伸ばし、少しずつ胸を床に下ろしていく。
❷ ひじは床につけず、ひざは直角のままキープする。

POINT

- 手指をしっかり開く
- ひじは床につけない
- ワキの下をしっかり伸ばす
- お腹を引き、腰を反らせる
- ひざは直角

2

背中❷

そのまま左右に負荷

背中のあぶら身は、生命力の衰えよ！

❶ 1の「にゃんこで上半身伸ばし」の姿勢のまま、体重を右に傾けてしばらくキープ。
❷ 左側も同様に行う。

あっ左の方が痛い！
背中と二の腕が
ポカポカしてくる

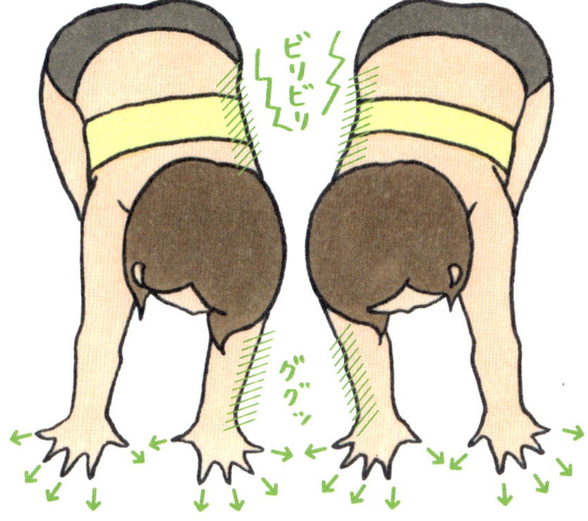

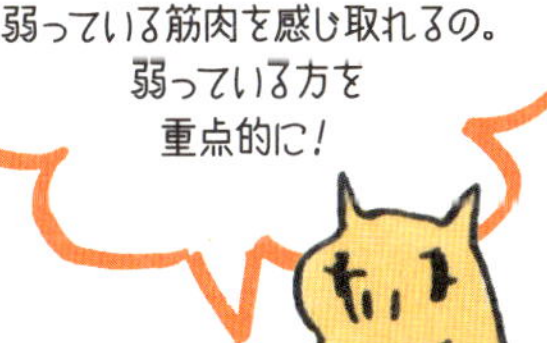

POINT

- 手指をしっかり開く
- ひじは床につけない
- ワキの下をしっかり伸ばす
- お腹を引き、腰を反らせる
- ひざは直角

3

背中❸

テーブルで背中伸ばし

❶ 足を肩幅に開いて立ち、手指をしっかり開いてテーブルにつく。
❷ 手のひらを内側に回し、指先をお腹に向ける。
❸ ひじを伸ばして手のひら全体をべったりとテーブルにつけ、お腹を引いてろっ骨を持ち上げる。
❹ 手のひらを外側に回し、同様に行う。

POINT

- 手指を開いて手のひら全体をしっかりつける！
- ひじを伸ばす
- お腹を引く
- 足指を意識してしっかり立つ

【内側に回す】

【外側に回す】

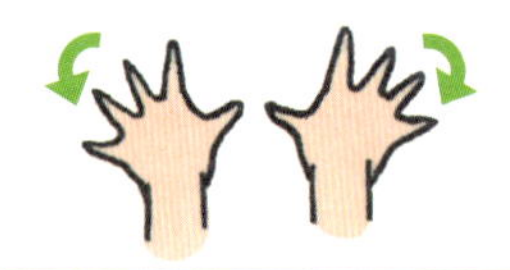

反り腰にならないよう、背中全体を引き上げて！

40代に効果的な体操

4

背中 ❹

四つんばいで背中伸ばし

その「ビリビリ」が筋肉を使えた証よ！

❶ 四つんばいになり、手指をしっかり開いてひじを伸ばす。
❷ 手のひらを内側に回し、指先をひざに向ける。
❸ ひじを伸ばして手のひら全体をべったりと床につけ、お腹を引いてろっ骨を持ち上げる。
❹ 手のひらを外側に回し、同様に行う。

【内側に回す】

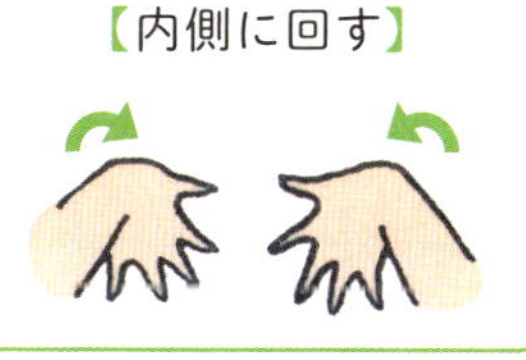

【外側に回す】

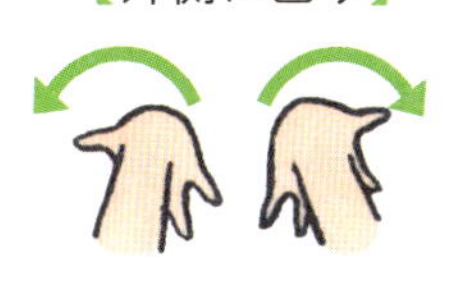

POINT

- 手指を開いて手のひら全体をしっかりつける！
- ひじを伸ばす
- お腹を引く
- ろっ骨を持ち上げ少し後ろに引く

40代のあぶら身

5

胸が垂れて小さくなり上だけあばら骨が浮いています

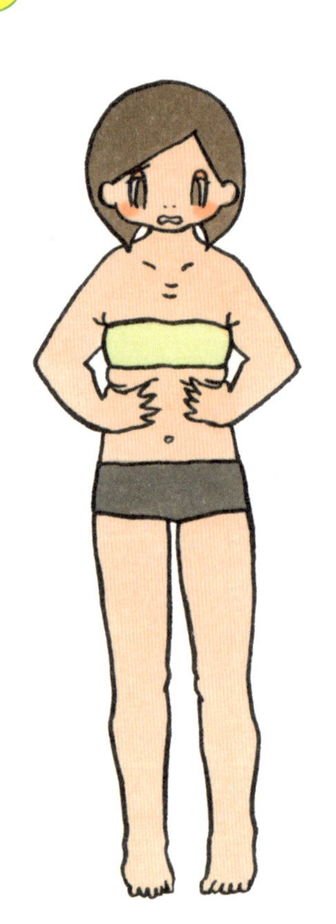

小ぶりのお椀型だったはずのバストが、30代後半から徐々にしぼんできて。さらに最近、少しずつ垂れてきました。

サイズ自体は、女性ホルモンの影響も受けるけれどね。

バストの下はたるんで段になっているのに、バストの上はあばら骨が浮いているのは…なぜなんですかね!?

大胸筋が衰えて、下がってきているのね。筋力不足で猫背になると、胸の筋肉が使いにくくなるの。呼吸にも影響するし、きっと…白髪にシミ…慢性的な疲労といった老化現象も感じているのでは…?

正解です（泣）！　老化にも影響しちゃっているんですね！

胸の筋肉は、手指から手のひら、二の腕の内側を通ってつながっている。P98の体操をすると、それを実感するはずよ。

うわわわわ、特にワキのあたりがビリビリする〜！　最近ここのたるみが、第二のバストに見えてくるんですよね…。

それはワキ、つまり腕の付け根が弱っているということ！　胸の筋肉は、腕を大きく動かすことによって使われるの。水泳やテニスなど腕を使うアスリートは大胸筋が発達しているでしょ。日常ではあまり使わないからこそ、意識して育てていくことが問われる部分。ポイントは、そのだるだるの二の腕！　縮こまったワキを腕の力でしっかりと広げて、さまざまな方向に動かすのよ。

1

胸❶

パーで押し合い

❶ 肩甲骨を下げて、お腹を引く。
❷ 手指を力いっぱい開き、左手と右手で押し合う。

POINT

- 手指をしっかり開く
- 手のひら全体をつける
- ワキの下を広げる
- お腹を引く

40代に効果的な体操

2

胸❷

後ろ手組み

腕の付け根を使わないから、垂れるのよ！

❶ 足を肩幅まで開き、５本の足指と足裏で床をしっかり踏みしめるように立ち、お尻を内側に寄せる。
❷ 肩甲骨を寄せるようにして胸を開き、ひじを伸ばして両手を後ろで組む。
❸ そのまま足指に体重をかけながら、上体をゆっくりと前に倒す。

❷ 縮んでた鎖骨から下あたりがビーンと引っ張られる！

❸ 腕の付け根がビリビリ！

ゆっくり

しっかり目を開けて、伸ばしたひじからつながる胸の筋肉を感じるのよ！

POINT

- 肩甲骨をぐっと寄せる！
- お腹を引く
- お尻を内側に寄せる
- 足指を意識してしっかり立つ

40代に効果的な体操

3

胸❸

ひざつき腕立て伏せ

❶ 四つんばいになり、両手を「ハ」の字にして床につき、手指をしっかりと開く。
❷ 足先を上げ、お尻に引き寄せる。床に胸をつけるようにひじを曲げる。
❸ ひじを伸ばし、元の姿勢に戻る。

POINT

- 手指をしっかり開く
- お腹を引く
- 肩の力を抜く
- 足先は上に向ける

上向きバストと深い呼吸を取り戻すのよ！

POINT

- キツイ人は特に手指にしっかり力を入れて！
- お腹をしっかり引く！
- 足先は上に向けたまま

40代のあぶら身

6

顔がまぶた⇩ほお⇩口角⇩二重アゴ上から順にたるんでいきます

思い返せば最初に気づいたのは「目が小さくなったかな？」でした。それから次第に目尻が下がって、ほうれい線が深くなって。最近、ほおがコケた自覚があったから、20代の後輩の「顔、ヤセましたね！」の言葉がグサァッと突き刺さりました（泣）。

ヤツらは「ヤセた」がほめ言葉だと思っているからね。

40代って、ホント顔の印象がすっごく変わりますよね。

意識して動かしていないとね。顔は、体の筋肉と違って、皮膚に直接ついている「表情筋」なの。つまり、筋肉の衰えが直に皮膚にあらわれるってわけ。逆に、意識して動かせば、すぐ効果があらわれるわ。

なるほど。しかし、顔を〝意識して動かす〟って難しそうですね。

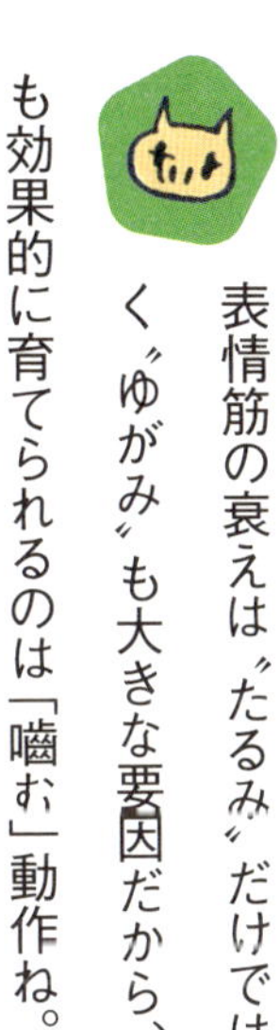

表情筋の衰えは〝たるみ〟だけではなく〝ゆがみ〟も大きな要因だから、最も効果的に育てられるのは「噛む」動作ね。顔周りの筋肉が鍛えられるのはもちろん、血行がよくなって肌の調子も上がる。唾液の分泌が促されて免疫力が上がるし、歯も強くなるわ。

そういや子どもの頃、「30回は噛め！」とよく親に言われたなぁ。

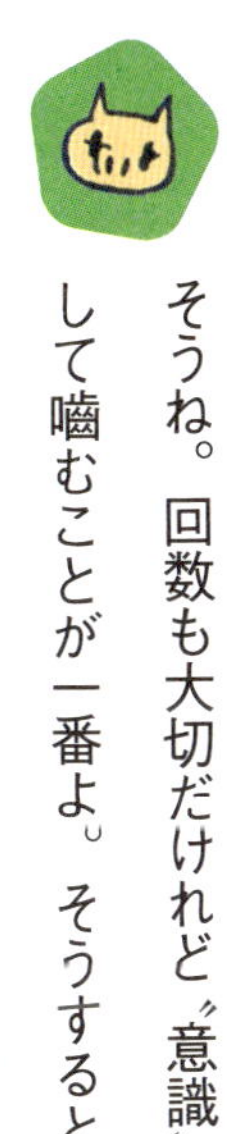

そうね。回数も大切だけれど〝意識〟して噛むことが一番よ。そうすると、使っていなかった筋肉の存在に気づいて、育てることができるから。これが、アンチエイジングの神髄ね。

40代に効果的な体操

1

顔❶

毎日しっかり咀嚼(そしゃく)

❶毎日の食事でも、肩甲骨を下げてお腹を引く。
❷ひと口につき30回を目標に、左右の奥歯でしっかりと噛む。

POINT

- 目をしっかり開く
- 左右の口角を意識する

40代に効果的な体操

2

顔❷

こめかみから「あーん」

❶肩甲骨を下げてお腹を引き、目をしっかり開く。
❷こめかみから大きく口を開き、手のひらを合わせて指先を口に入れて、ゆっくり５秒数える。

噛むことで本来の位置に戻すのよ！

こめかみから開くと、
ほおから首の
すみずみまで使える！
ゆっくり
絶対に無理は
ダメよ！
ゆっくり、
最初は指3本からね
2本でもいいわよ！

POINT

- 肩の力を抜く
- こめかみから口を開く！
- 目もしっかり開く

3

顔❸

耳の付け根回し

❶ 肩甲骨を下げてお腹を引く。
❷ 両方の耳の上部を親指と人さし指でしっかりつかむ。
❸ 上にぐーっと引っ張り、そのままじっくり前に回し、同じように後ろに回す。
❹ 同様に、耳の中央部（耳の穴付近）、耳の下部（耳たぶ）も行う。

POINT
- アゴを引く
- 肩の力を抜く
- お腹を引く

4

顔❹

デコルテ反らし

❶ うつぶせになり、顔の横に手をついて上体を持ち上げる。
❷ 胸からぐーっと上に伸ばし、アゴを天井に向ける。

胸から首、顔の筋肉をめいっぱい使って上半身を持ち上げるイメージよ

自分の力でシワとたるみをピーンとのばしている感じ！

POINT

- 手指をしっかり開く
- 肩の力を抜く
- お腹を引く
- お尻を内側に寄せる
- 肩甲骨を下げる

腹筋とお尻を使うとさらに伸びるわよ～

ある日の
仕事休憩中
あ〜 全身感じとれる〜

さて…
み〜先輩〜

どうした?
大変なんです
データが変で…

あ、それなら対応終ってるよ
そうなんですか?
よかった〜

…どうした?
…

なんか
変わった気がする…
ヤセました？
!
アリガト
でも全然
ヤセてはいないの

そうなの
全然ヤセてない
育・っ・た・んです

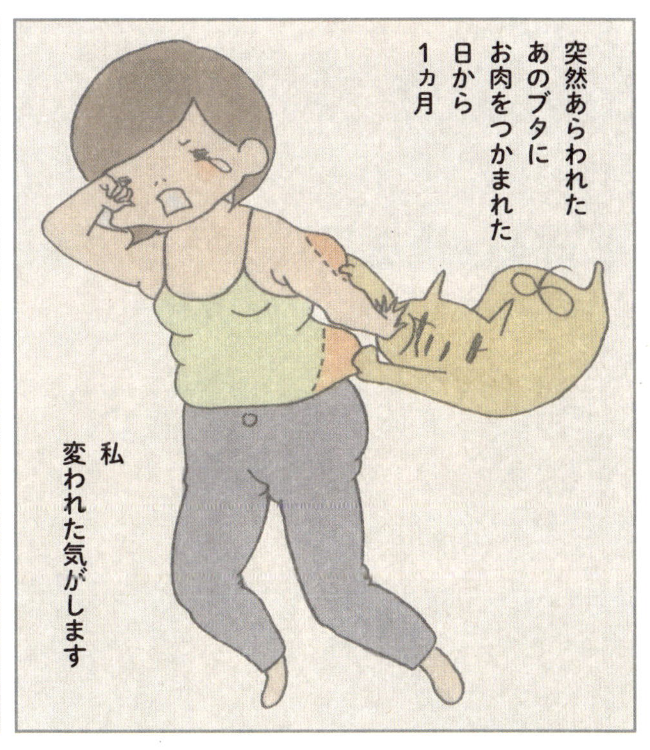
突然あらわれた
あのブタに
お肉をつかまれた
日から
1カ月
私
変われた気がします

ブタだなんて
失礼しちゃう
あぶらみちゃんて呼んで〜
あらわれたな〜

一番つらかったのはどこ？
そうですね～
やっぱり「下腹に効く」体操かなー
ああたしかに
言ってたわ
ギャーギャー
P76「左右の脚上げ」なんてかなり大変だった!!
特に腹筋がツライ!

でもみーちゃんツライツライってうるさいけど諦めなかったわね

……

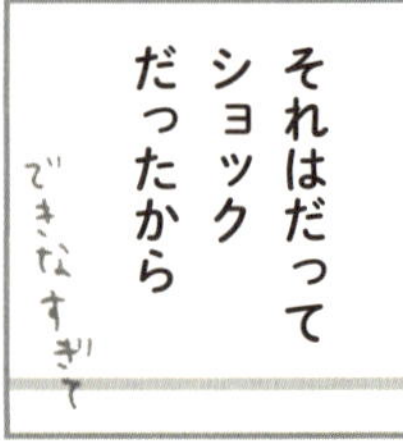
それはだってショックだったから
できなすぎて

まだ40歳なのに脚も上げられないくらい腹筋が衰えてて人生100年ならあと60年も使うのにこのままでいたらヤバイ!ってこわくなったの
あとあわよくばキレイになりたかった

ポロリ

えらいわみーちゃん!
今、そのことに気づけたらあなたはきっと大丈夫!!
おっ

みーちゃんがえらかったのは
毎日少しずつ続けたことね
一番弱ってるのは
腹筋なんだって
よくわかったから
毎日やることにしたの

体操も途中からは
キモチいいからしてたの
筋肉痛のあとに
ボディラインが変わって
楽しくなったのもあるけど
上がってる…
おおスッキリ!!

「キレイになる」以外にも
たくさん変化が
あったの
トイレで大漁
つい見ちゃう
STATION
駅までの歩きが
ヘッちゃら
そういえば生理前の
肌荒れがない

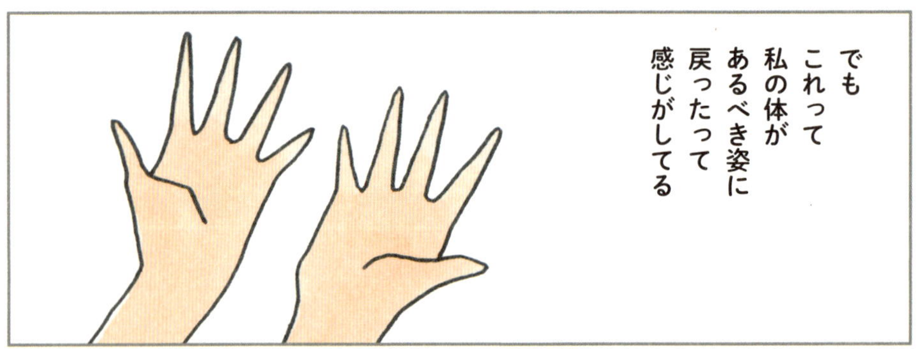
でも
これって
私の体が
あるべき姿に
戻ったって
感じがしてる

誕生日がきて
ひとつ年を取るのは
みんな平等だけど
私はこの
「体を大事に
動かす感覚」が
わかったから
これからもきっと
大丈夫って思えるの

ありがとう
あぶらみちゃん
「自分史上
最高の体」で
これから
生きていくのが
楽しみ!!

第4章

40代のあぶら身に効かせる五か条

1

自分本来の強く美しい筋肉を育てる

体操をしてみて、ご自分の筋力の衰えに驚いたでしょ。あなたの体型が崩れてきたのは、筋肉が弱ってしまったからなの。あぶら身の原因は、衰えた筋肉よ。あなたの体がそうして人の形になっているのは、成人で約206個ある骨を支えて動かしている、筋肉のおかげ。たとえば背骨は、前から腹筋が、後ろから背筋が支えている。呼吸ができるのは、筋肉がろっ骨を動かすことによって、中にある肺が収縮できるからよ。

つまりあなたの体型は、筋肉がベースなの。

でもね、ここで大きな誤解をしないでちょうだい。この本で紹介した体操は、筋肉をがんばって鍛えることが目的ではないわ。まるで他人に見せるためのようなムキムキの筋肉ではなく、あなた本来の美しい体型を育てる体操よ。大地を踏みしめながらさっそうと歩ける足を、引き締まった脚を、全身を支えるぴっちりした腹筋を、深い呼吸ができるしなやかな二の腕を育てる体操なのよ！
だから、息が上がるほど筋肉に無理をさせて、お手本通りにやろうとしないでね。体が無理をするとつい呼吸を止めちゃうから、筋肉が縮んで硬直しやすくなってしまうの。呼吸は自然にしてね。そして、「このポーズはできる、できない」は二の次よ。ポイントに書かれている「この筋肉は使えているかな？」「このあたりが弱っているな」を感じ取ることが、この体操の醍醐味なの。
筋肉痛は、ずっと使われずに弱りきっていた筋肉が、ようやく使われて育ち始めた証よ。気づかったつもりで安静にしていると、ますますその筋肉が弱っていくわ。激痛でない限りは、むしろていねいに動かしてね。

2

回数 必要な回数は自分の体に聞く

そうそう！　体操中に、あなたがよく口にしていたフレーズがあるわよね。

「何回ぐらいやればいいんですかぁ？」ですよね。気になっちゃうんだもん。

それを聞く相手は、私ではなくあなたの体なのよ！

この体操は筋肉を鍛えるのではなく、あなたをいきいきと生かす筋肉を育て、あなたの体型をよみがえらせることが目的。**あなたの筋肉にとって何回必要なのかが的確にわかるのは、この世でただひとり。あなただけなのよ。**

たとえ100回の腹筋運動をしたとしても、回数だけをこなしたのであれば、ただ鍛えただけの筋肉ができるだけ。**自分の感覚がつながる、あなたにとってたったひとつの、大切な筋肉**ではないのよ。

だから、あなたの意識と感覚を総動員して、動かしている筋肉を感じ取って、真剣に問いかけて。その上で筋肉が「ここまでOK」と言ったら、それが正解。テレビを見ながらの10回より、あなたの筋肉が出す本気の1回！に敏感でいてね。毎日やっていると、筋肉が「もう1回やってくれる？」と言うようになるわ。

3 脳が感じる"違和感"が、体型を変える

あなたが全身の筋肉を思い通りに動かせるのは、脳が指令を出しているからよね。

脳からの指令は、運動神経を通して筋肉に伝達されている。いわゆる「運動神経がいい」というのは「人よりも能力に優れた運動神経」という意味ではないの。体の動きに関する脳の指令を、〝すばやく正確に〟筋肉に伝えられる状態であるということ。**体を動かすことは脳との関係がとても深いのよ。**

この本を手に取ったあなたは、「衰えゆく体型をよくしたい！」という意欲があるはず。それが高まって、流行のダイエット法にすがり、結局「続かない」と挫折した経験も過去にあるかもしれないわね。

どんなにすばらしいダイエット法でも、誰かに言われた通りの体操を、誰かに言われるがままの回数をこなすだけでは、あなたの体はもちろん、脳も満たされない。だから「続ける」ことができないの。

不毛なダイエットとオサラバしたいなら、脳を使いなさい。
私が言う「脳を使う」は、目的をもって、筋肉の動きやつながりを「意識する」こと。
あぶら身をむぎゅっとつかんで、
「ここを筋肉にしなくては！」「今からここを動かすんだ」
「あ、ここが痛い！」「ここの感覚が鈍いなぁ」
自分の体の感覚と反応を、脳ですくい取るように、集中して感じ取ることよ。逆に言うと、反動を使う動きは「脳を使う」とは言えないから、効果がないということね。
脳を使いながら体をじっくり動かしてみるとね、わかってくるのよ。「気持ちいい」と感じる体操は、その部分がちゃんと育っている証。筋肉の柔軟性が高いから、快感なのよね。逆に「痛い」「やりづらい」「もう無理」と〝違和感〟がある動きこそ、今のあなたの体にとって必要な体操。その部分が衰えているということだからね。
体操中の脳には、筋肉を感じ取ることに集中して、呼吸は意識せず自然にね。筋肉の名前がわからなくてもいいの。動かしている部分にじっくり意識を向けて、育てていくのよ。

4

血液　周囲も驚く若さの秘訣は血液循環にある

突然だけど、親指を貸してごらんなさい。こうしてゴムできつく縛ると、血行が滞るでしょ。だんだん指先が冷たくなってきたわね。そろそろ取ってあげるわ、ハイ。

な、なんか地味に怖かった〜！　何なんですか!?　ドキドキ…（汗）。

ほら、そう言いながら無意識に親指をさすって動かしているでしょう？　血液の流れが滞ると、人は不快なのね。そしてその部分を**触って動かすことで、血行が促進されることを、感覚として知っている**のよ。皮膚表面を触って刺激を与えるだけでも血流が促されるし、さらに筋肉を動かすとポンプ作用が働いて、血液がどんどん送り出されるわ。

　血液には、全身にある60兆個もの細胞に栄養と酸素を届け、老廃物と二酸化炭素をすっきり回収するという役割があるわ。これによって、細胞の「新陳代謝」が促されるのよ。

血液にのせた酸素や栄養素を、細胞のひとつひとつに直接届けるのは「毛細血管」の役割よ。全身の血管の99％を占める大切な血管なのだけれど、残念ながら40代ぐらいから劣化して減少していくとも言われているわ。すると、新陳代謝が鈍くなるから、シミや白髪が増える。いわゆる老化現象の始まりね。臓器の働きも低下して、病気の遠因にもなるわ。

毛細血管の劣化と減少を食い止めるためには、末端の細～い毛細血管にまでしっかり血液を流せるぐらいまで、血液循環力を上げることよ。そのために最も効果的な方法は、筋肉をじっくり動かすことなの。筋肉はね、少し動かすだけでも大量の酸素を必要とするのよ。だから定期的に動かしていると、体が自然と毛細血管を新しく増やそうとしていくってわけ。本来あなたが持っている血液循環力を自然に取り戻せるのね。

全身の細胞の新陳代謝が活発になれば、老化のスピードは格段にゆっくりになる。そのときのあなたの体に何が起こるか…。想像するだけで楽しいわよね。

5

ようやく「自分」を生きることができる

きくち体操で筋肉を育てていくと、まず姿勢が整ってくるのよ。すると体型よりも先に、〝体の感覚〟が変わってくるわ。そうすると、体に自然と火がつくの。ひとりでに「もっとよくなろう」とするのよ。だから、毎日体操をしないと落ち着かなくなる。どんなに疲れていても毎日顔を洗うように、自然と身についた習慣になるのよ。基礎代謝も上がるから、普通に生活しているだけでエネルギーを消費しやすくなるわ。

ある研究で、〝ただ体を動かした〟ときと、〝目的をもって体を動かした〟ときの、脳の働きを調べたの。すると、前者では働かなかった、脳の「前頭連合野」が、後者では活発に働いた。「前頭連合野」は、思考・判断・意欲・喜怒哀楽をコントロールする部分。まさに〝人間の心〟そのものよね。目的をもって運動すると、心が満たされるってわけ。

さらに言うとね。脳を使って、筋肉の動きやつながりを意識しながら体を動かしていくと、毎回必ず、新しい変化を感じるわ。それに適応して、脳が活性化していくの。ドーパミンなどの興奮性の物質が放出されて、生きる意欲や幸福感に包まれるわ。

そうすると、小さなことにイライラ、クヨクヨしていた思考が変わっていく。他人からの言葉、自分の評判、他人の幸せや暮らしぶり…以前なら気になっていたことも、しなやかに受け止めて、すぐに丸めてポイッとすることができるようになるの。

体はね、そのへんのヤサ男とは違って、あなたが尽くしたら尽くした分、100%で応えてくれるのよ。すると「かわいいな」「私にはこの脚しかない」という愛にも似た感情が芽生えるわ。誰かをうらやんでばかりいた自分、誰かの顔や体と取り換えたいと思っていた自分と決別して、ようやく「自分」を生きることができるようになるはずよ。

ごあいさつ

私、あぶらみちゃんの本も、いよいよ2冊目に突入ね。オホホ。いかがだったかしら？
体を動かさないと、筋肉は衰える。当たり前のことよ。でも、文明の利器は恐ろしいほど進化し続けているわね。体を動かさなくても、楽しく生きていけちゃう時代よ。
でも…おそらく楽しいのは今だけ。その体型のまま年を重ねて…本当に大丈夫かしら？
この本の監修者であり、「きくち体操」創始者である私の師匠、菊池和子先生は言ったわ。
「私たちの体はね、ラクをして生きていけるようにはできていない。だから、今の体型を当たり前だと思わないで。ちゃんと向き合って動かしていけば必ず、美しくなれるのよ！」
御年85。とてもそうは見えない、のびやかで美しい体を、愛おしそうに触りながらね。
あなたは今、毎日を生きている。その土台にあるのは、命そのものである「体」よ。命は取り換えられないし、お金で買えないでしょ。だから体も取り換えられないし、自分でよくしていくしかない。それを他人やモノに頼ったら、永遠に依存し続ける要介護人生よ。

健康診断で引っかかるほどではない。でも、若い頃とは明らかに違うと感じる。なんだかムチムチ動きにくい。調子が悪い。そんな40代のために、この本をつくったの。全部を一気にやることは難しいなら、まずはどれかひとつから。効果がイマイチ感じられないときは、もう少し真剣に、体と向き合うの。毎日じゃなくても、1週間は続けてみて。「自分で選んで真剣にやってみる、しばらく続けてみる、自分で体感する」その小さな積み重ねが、あなたの体型をつくっていくのよ。

菊池和子先生

1934年生まれ。日本女子体育短期大学卒業。体育教師を経て「きくち体操」を創始。川崎本部、東京・神奈川の直営教室のほか、首都圏、名古屋、大阪のカルチャースクールなどで指導を行なう。テレビ・ラジオ出演、新聞・雑誌取材、全国講演、『あぶら身がすっきり取れるきくち体操』(小社刊) など著書も多数。

きくち体操事務局
http://www.kikuchi-taisou.com/

あぶらみちゃん

菊池和子先生の一番弟子であるブタの妖精。日本の、特に若い女性たちの衰えを本気で心配している。気になる女子にグイグイ声をかけて日々指導にあたる。シッポとまつげにおしゃれ魂をぶつける。

STAFF

デザイン　五味朋代（phrase）
文・構成　瀬戸珠恵
校正　麦秋アートセンター
編集　浜田光絵

40代から始めよう！
あぶら身をごっそり落とすきくち体操

2019年4月18日　初版発行

監修　菊池和子
マンガ　熊野チコ

発行者　川金正法
発行　株式会社 KADOKAWA
〒102-8177　東京都千代田区富士見 2-13-3
電話 0570-002-301（ナビダイヤル）

印刷所　図書印刷株式会社

KADOKAWAカスタマーサポート
［電話］0570-002-301（土日祝日を除く11時～13時、14時～17時）
［WEB］https://www.kadokawa.co.jp/（「お問い合わせ」へお進みください）
※製造不良品につきましては上記窓口にて承ります。
※記述・収録内容を超えるご質問にはお答えできない場合があります。
※サポートは日本国内に限らせていただきます。

定価はカバーに表示してあります。

ISBN 978-4-04-896487-6　C0077